Im Licht der Resilienz: Wege aus der Trauer zu neuem Leben"

Einführung: Das Meer der Tränen

Verlust ist wie ein Sturm, der uns unvorbereitet trifft. Er reißt uns aus dem Alltag, wirbelt unsere Gefühle durcheinander und hinterlässt eine Leere, die sich wie ein unendliches Meer anfühlt. In diesen Zeiten suchen wir nach einem Halt, nach einem Licht, das uns durch die Dunkelheit führt.

In den stillen Momenten der Trauer liegt oft eine ungewollte Einsamkeit. Doch genau diese Ruhe ist manchmal der erste Schritt, um wieder Kraft zu schöpfen. Sanft, aber ehrlich möchte dieses Buch Sie durch diese Stürme begleiten. Wir werden gemeinsam die Wahrheit anerkennen – das Leben ist vergänglich und voller Abschiede. Doch diese Einsicht muss uns nicht lähmen. Stattdessen kann sie uns dazu bewegen, mutig weiterzugehen und das Leben in seiner Tiefe zu erfahren.

Hier finden Sie nicht nur Worte des Trostes, sondern auch Werkzeuge, um in diesen schwierigen Zeiten zu handeln, sich zu entspannen und sich selbst zu unterstützen. Techniken, die helfen, die inneren Stürme zu beruhigen und wieder festen Boden unter den Füßen zu finden.

1.1 Der erste Sturm: Verlust und Schock

Verlust ist eine der intensivsten Erfahrungen, die das menschliche Herz erschüttern kann. Wie ein unerwarteter Sturm, der plötzlich am Horizont auftaucht, bricht er über uns herein und hinterlässt eine Spur der Verwüstung. Doch anders als ein Sturm, den wir von weitem kommen sehen und uns vielleicht darauf vorbereiten können, trifft der Verlust oft ohne Vorwarnung. Ein Moment der Stille, ein kurzes Innehalten – und plötzlich ist nichts mehr, wie es war. Der Boden unter den Füßen wird weich, die Luft um uns dünn, und die Welt verliert ihre vertrauten Farben. Es ist, als ob die Realität selbst in Stücke zerbricht, und wir mitten im Chaos stehen, unfähig zu begreifen, was gerade geschehen ist.

Der erste Schock ist wie ein Donnerschlag. Plötzlich und durchdringend, erfasst er uns und schickt eine Welle der Verwirrung durch unseren Körper. In diesen Momenten scheint die Zeit stillzustehen. Das, was eben noch selbstverständlich war – das Lächeln eines geliebten Menschen, eine vertraute Stimme, ein sicheres Zuhause – ist nun unwiderruflich verloren. Ein dumpfer Schmerz breitet sich in der Brust aus, begleitet von einem Gefühl der Leere, das alles zu verschlingen droht.

Viele Menschen beschreiben den Schock des Verlustes als eine Art Taubheit. Es ist, als ob der Geist eine schützende Mauer errichtet, um uns vor der vollen Wucht der Emotionen zu bewahren. Wir funktionieren weiter, als ob wir in einem seltsamen Traum gefangen wären, der sich nicht real anfühlt. Es gibt Momente, in denen wir fast glauben, dass alles nur ein Missverständnis ist, dass sich die Realität gleich wieder einrenken wird. Aber tief im Inneren wissen wir, dass sich nichts mehr einrenken wird – dass dieser Moment für immer unser Leben verändert hat.

Die körperlichen Reaktionen auf diesen Schock sind oft ebenso überwältigend wie die emotionalen. Ein Zittern durchfährt den Körper, die Hände werden kalt, und das Herz rast. Manchmal ist es, als ob der Boden unter uns nachgibt, als ob wir in ein endloses Loch fallen, ohne Halt. Diese körperlichen Symptome sind eine natürliche Reaktion auf den Stress und die Angst, die der Verlust mit sich bringt. Sie sind Ausdruck dessen, was unser Verstand noch nicht vollständig verarbeiten kann.

In dieser Phase ist es wichtig, sich daran zu erinnern, dass solche Reaktionen normal sind. Sie sind keine Zeichen von Schwäche, sondern ein Beweis dafür, dass unser Körper und Geist auf eine extrem belastende Situation reagieren. Es gibt keine "richtige" Art und Weise, den ersten Schock zu verarbeiten. Manche Menschen weinen unkontrolliert, andere fühlen sich wie betäubt. Wieder andere suchen verzweifelt nach Ablenkung, um den Schmerz nicht fühlen zu müssen. Jede Reaktion ist einzigartig und individuell – so wie der Verlust selbst.

Inmitten dieses Chaos gibt es kleine Dinge, die helfen können, einen Anker zu finden. Einfache Rituale, die Struktur in den Tag bringen, können wie ein Rettungsring im tobenden Meer wirken. Vielleicht ist es eine Tasse Tee, die man in Ruhe trinkt, während man versucht, die Gedanken zu sortieren. Oder ein kurzer Spaziergang, bei dem man die frische Luft einatmet und die Erde unter den Füßen spürt. Diese kleinen, alltäglichen Handlungen können eine beruhigende Wirkung haben, selbst wenn sie zunächst unbedeutend erscheinen. Sie geben dem Tag eine gewisse Ordnung zurück und schaffen Momente, in denen man innehalten und atmen kann.

Atmen – so simpel es klingt, kann es in Zeiten des Schocks eine lebensrettende Übung sein. Tief einatmen, den Atem kurz halten und dann langsam ausatmen.

Dieser einfache Rhythmus bringt den Geist zurück in den Körper, verankert uns in der Gegenwart und hilft, den Sturm der Emotionen zu beruhigen. Es geht nicht darum, den Schmerz weg zu atmen oder ihn zu verdrängen, sondern ihn zu erkennen und ihm einen sicheren Raum zu geben, in dem er existieren darf.

Es ist auch in Ordnung, sich zurückzuziehen und Zeit für sich selbst zu nehmen. Die Trauer ist ein Prozess, der seine eigene Zeit braucht, und niemand kann voraussagen, wie lange dieser erste Schock anhalten wird. Es ist kein Wettlauf, kein Prozess, den man beschleunigen kann. Stattdessen ist es ein Weg, der Schritt für Schritt gegangen werden muss – so langsam oder schnell, wie es für den Einzelnen richtig ist.

In dieser ersten Phase des Verlustes ist es wichtig, Mitgefühl mit sich selbst zu haben. Die Welt mag zusammengebrochen sein, aber das bedeutet nicht, dass man stark sein oder funktionieren muss. Es ist in Ordnung, sich schwach, verloren oder überwältigt zu fühlen. Es ist in Ordnung, um Hilfe zu bitten oder einfach nur zu sein, ohne etwas tun zu müssen. Der Verlust hat uns verwundet, und es braucht Zeit, diese Wunde zu heilen.

Auch wenn es sich in diesem Moment unmöglich anfühlt, gibt es ein Leben nach dem Verlust. Doch bevor wir diesen Weg gehen können, müssen wir den Sturm des Schocks durchstehen. Dies ist der erste Schritt auf einer Reise, die uns durch das Meer der Tränen führen wird – eine Reise, die uns lehren wird, mit dem Verlust zu leben, ohne dass er uns zerstört.

1.2 Der Prozess der Trauer: Individuelle Wege

Jeder Mensch trauert auf seine eigene Weise. Es gibt keinen festgelegten Pfad, keine vorgegebene Route, die man einschlagen muss. Manche Menschen verspüren eine tiefe Traurigkeit, die sie wie eine schwere Decke umhüllt, während andere eine unerklärliche Wut empfinden, die sich gegen das Unrecht der Welt richtet. Es gibt solche, die sich zurückziehen und die Einsamkeit suchen, während andere Trost in der Gesellschaft von Freunden und Familie finden. Dieser individuelle Prozess der Trauer ist so einzigartig wie der Verlust selbst, und es ist wichtig zu verstehen, dass es keinen "richtigen" oder "falschen" Weg gibt, um zu trauern.

In der Trauerpsychologie gibt es verschiedene Modelle, die versuchen, den Prozess der Trauer zu erklären. Eines der bekanntesten ist das Fünf-Phasen-Modell von Elisabeth Kübler-Ross, das die Trauer in fünf Phasen unterteilt: Verleugnung, Wut, Verhandeln, Depression und Akzeptanz.

Doch während dieses Modells einen nützlichen Rahmen bieten kann, um den Trauerprozess zu verstehen, sollte es nicht als starrer Leitfaden betrachtet werden. Trauer ist keine lineare Erfahrung, und viele Menschen durchlaufen diese Phasen in unterschiedlicher Reihenfolge oder kehren mehrfach zu ihnen zurück.

Verleugnung ist oft die erste Reaktion auf einen schweren Verlust. Es ist ein Schutzmechanismus, der uns hilft, die schmerzvolle Realität nicht sofort in ihrer ganzen Härte zu erfassen. Wir sagen uns, dass es nicht wahr sein kann, dass es einen Fehler gegeben haben muss. In dieser Phase suchen wir nach Beweisen, dass alles nur ein Missverständnis ist, dass der geliebte Mensch vielleicht doch noch zurückkehrt. Diese Verleugnung kann Minuten, Tage oder sogar Wochen andauern, bevor die Realität langsam durchsickert.

Wut ist eine kraftvolle Emotion, die in der Trauer oft unerwartet auftritt. Sie kann sich gegen alles und jeden richten – gegen uns selbst, gegen den Verstorbenen, gegen das Schicksal oder gegen die Welt im Allgemeinen. Diese Wut ist Ausdruck unseres Schmerzes und unserer Hilflosigkeit. Es ist schwer zu akzeptieren, dass wir nichts tun können, um den Verlust rückgängig zu machen, und diese Ohnmacht kann sich in Zorn verwandeln. Es ist wichtig, diese Wut zuzulassen und nicht zu unterdrücken, denn sie ist ein Teil des Heilungsprozesses.

Die Verhandlungsphase ist geprägt von einem inneren Dialog, in dem wir versuchen, mit dem Schicksal zu verhandeln. Wir stellen uns vor, was wir tun könnten, um den Verlust ungeschehen zu machen, denken darüber nach, was wir hätten anders machen können, um den Tod zu verhindern. Diese Phase ist oft begleitet von Schuldgefühlen und Selbstvorwürfen. Wir fragen uns, ob wir etwas übersehen haben, ob wir genug getan haben. Doch diese Gedanken führen selten zu einer Lösung und können die Trauer nur vertiefen.

Die Phase der Depression ist oft die längste und schwierigste. In dieser Phase erkennen wir den Verlust in seiner vollen Tragweite und beginnen, die Leere zu spüren, die der Verstorbene hinterlassen hat. Es ist eine Zeit tiefer Traurigkeit, in der wir uns zurückziehen und in uns selbst versinken. Alles erscheint sinnlos, und die Welt scheint ohne Farbe und Freude zu sein. In dieser Phase ist es wichtig, sich selbst zu erlauben, traurig zu sein, und nicht zu versuchen, diese Gefühle zu verdrängen. Trauer ist ein natürlicher und notwendiger Prozess, um den Verlust zu verarbeiten.

Akzeptanz ist die letzte Phase im Trauerprozess, aber sie bedeutet nicht, dass der Schmerz verschwindet. Vielmehr lernen wir, mit dem Verlust zu leben und ihn als Teil unseres Lebens zu akzeptieren. Wir beginnen, uns wieder dem Leben zuzuwenden und finden langsam einen Weg, ohne den geliebten Menschen weiterzumachen. Diese Phase ist geprägt von einer tiefen, aber friedlichen Traurigkeit, die uns daran erinnert, was wir verloren haben, aber auch von einer neuen Stärke, die aus der Bewältigung des Verlustes hervorgeht.

Der Weg durch die Trauer ist lang und voller Hindernisse. Jeder Schritt kann sich schwer und schmerzhaft anfühlen, und es gibt keine Abkürzungen. Doch mit der Zeit lernen wir, dass der Schmerz uns nicht für immer beherrschen muss. Wir lernen, dass es in Ordnung ist, schwach zu sein, und dass es keine Schande ist, Hilfe zu suchen. Der Verlust wird immer ein Teil von uns bleiben, aber er wird uns nicht definieren. Stattdessen können wir aus ihm Kraft schöpfen und wachsen – hin zu einem neuen Verständnis von Leben und Tod.

1.3 Die Wellen der Emotionen: Hochs und Tiefs

Trauer ist wie das Meer – manchmal ruhig und fast still, dann plötzlich stürmisch und unberechenbar. Sie kommt in Wellen, die uns immer wieder mitreißen und in die Tiefe ziehen können. Diese Wellen der Emotionen sind ein unvermeidlicher Teil des Trauerprozesses, und auch wenn sie unvorhersehbar erscheinen, sind sie doch ein natürlicher Weg, auf dem unser Inneres versucht, mit dem Schmerz des Verlustes umzugehen.

Es gibt Tage, an denen man das Gefühl hat, dass die Trauer etwas leichter geworden ist, dass der Sturm sich beruhigt hat. An solchen Tagen mag die Sonne durch die Wolken brechen, und für einen kurzen Moment scheint es, als ob das Leben weitergehen könnte. Diese Momente der Ruhe sind wertvoll und wichtig, denn sie geben uns eine Atempause und zeigen uns, dass es Licht am Ende des Tunnels gibt.

Doch ebenso unerwartet wie diese lichten Momente kommen auch die Tiefen, in denen die Trauer uns wieder mit voller Wucht trifft. Es kann ein Geruch sein, ein Lied im Radio oder ein Ort, der uns an den Verstorbenen erinnert – und plötzlich ist der Schmerz wieder da, so stark wie am ersten Tag. Diese Rückschläge können besonders schwer zu ertragen sein, weil sie uns das Gefühl geben, dass wir in unserer Trauer keinen Fortschritt machen.

Es ist wichtig zu verstehen, dass diese Hochs und Tiefs Teil des natürlichen Heilungsprozesses sind.

Die Trauer verläuft nicht linear, und es gibt keine festen Regeln, wann und wie stark uns die Emotionen überwältigen. Jeder hat seine eigene Art und Weise, mit diesen Wellen umzugehen, und was für den einen funktioniert, mag für den anderen nicht passen.

Einige Menschen finden Trost in der Erinnerung, indem sie sich bewusst den Momenten und Orten stellen, die den Schmerz auslösen. Sie besuchen den Lieblingsort des Verstorbenen, hören seine Lieblingsmusik oder schauen sich alte Fotos an. Diese Konfrontation mit der Erinnerung kann helfen, den Schmerz zu verarbeiten und ihn langsam in etwas Positives zu verwandeln – in eine Form der Ehrung und des Gedenkens.

Andere wiederum benötigen Abstand und müssen sich eine Weile von allem entfernen, was sie an den Verlust erinnert. Das ist ebenso legitim. Es gibt keine Pflicht, sich ständig mit der Trauer auseinanderzusetzen. Manchmal ist es notwendig, sich selbst eine Pause zu gönnen, um nicht von den Emotionen überwältigt zu werden. Es ist in Ordnung, Ablenkung zu suchen, sei es durch Arbeit, Hobbys oder das Zusammensein mit Freunden und Familie. Diese Pausen geben dem Geist die Möglichkeit, sich zu erholen und neue Kraft zu schöpfen.

Die emotionale Achterbahnfahrt, die durch die Wellen der Trauer verursacht wird, kann auch körperlich sehr belastend sein. Schlaflosigkeit, Appetitlosigkeit und allgemeine Erschöpfung sind häufige Begleiter in dieser Zeit. Unser Körper reagiert auf den emotionalen Stress, indem er seine Energie auf das Nötigste beschränkt, was dazu führt, dass wir uns oft müde und ausgelaugt fühlen. Selbst einfache Aufgaben können plötzlich unüberwindbar erscheinen.

Hier kann es hilfreich sein, auf den eigenen Körper zu hören und ihm das zu geben, was er braucht – sei es Ruhe, Bewegung oder eine gesunde Mahlzeit. Es ist verlockend, sich in solchen Zeiten gehen zu lassen, aber eine gewisse Selbstfürsorge kann dabei helfen, die Kraft zu bewahren, die man benötigt, um den Trauerprozess zu durchstehen. Regelmäßige Spaziergänge, ausreichend Schlaf und ausgewogene Ernährung sind einfache, aber wirksame Mittel, um den Körper zu unterstützen.

Ein weiteres wichtiges Element im Umgang mit den Wellen der Emotionen ist die soziale Unterstützung. Während einige Menschen das Bedürfnis haben, sich zurückzuziehen und die Trauer allein zu durchleben, finden andere Trost im Austausch mit anderen.

Das Gespräch mit jemandem, der ähnliche Erfahrungen gemacht hat, kann sehr hilfreich sein. In Selbsthilfegruppen oder im Gespräch mit einem Therapeuten kann man sich verstanden fühlen und erhält gleichzeitig wertvolle Ratschläge und Unterstützung.

Es ist auch nicht ungewöhnlich, dass Menschen in dieser Phase der Trauer spirituelle Fragen aufwerfen oder Trost im Glauben suchen. Der Verlust eines geliebten Menschen kann uns dazu bringen, über das Leben nach dem Tod und den Sinn des Lebens nachzudenken. Auch hier gibt es keinen richtigen oder falschen Weg – ob man Trost im Gebet, in Meditation oder in Gesprächen mit einem Geistlichen findet, hängt ganz von der eigenen Persönlichkeit und den eigenen Überzeugungen ab.

Manchmal kann es auch helfen, sich kreativen Ausdrucksformen zuzuwenden. Malen, Schreiben oder Musizieren können Ventile sein, um die überwältigenden Emotionen in eine Form zu bringen, die greifbarer ist. Ein Tagebuch zu führen, in dem man seine Gedanken und Gefühle niederschreibt, kann ein wirksames Mittel sein, um die innere Zerrissenheit zu ordnen und zu verarbeiten. Kunst kann eine Brücke sein, um das Unaussprechliche auszudrücken und auf eine Weise mit dem Verlust umzugehen, die Worte allein nicht leisten können.

Die Wellen der Trauer sind ein ständiges Auf und Ab. Manchmal scheinen sie endlos und erdrückend, manchmal fließen sie sanft und kaum merklich dahin. Doch mit der Zeit lernen wir, in ihnen zu schwimmen. Wir entwickeln Fähigkeiten und Strategien, um mit ihnen umzugehen, und finden schließlich einen Rhythmus, der es uns erlaubt, mit ihnen zu leben, ohne von ihnen überwältigt zu werden. So schwierig dieser Prozess auch ist, er führt uns zu einem tieferen Verständnis unserer eigenen Stärke und unserer Fähigkeit, mit Verlust umzugehen.

1.4 Was ist normal? – Trauer in all ihren Formen

Trauer kennt keine Norm. Sie ist so individuell wie der Mensch, der sie erlebt. Und doch gibt es eine weit verbreitete Vorstellung davon, wie Trauer aussehen sollte – eine Vorstellung, die oft aus kulturellen Erwartungen, sozialen Normen und Missverständnissen über den Trauerprozess entsteht. Diese starren Vorstellungen können dazu führen, dass sich Trauernde verunsichert fühlen, besonders wenn ihre eigene Erfahrung nicht dem entspricht, was sie als "normal" wahrnehmen.

Viele Menschen erwarten, dass Trauer in klar definierten Phasen abläuft, ähnlich wie es in psychologischen Modellen beschrieben wird. Doch in der Realität ist Trauer oft chaotisch und unvorhersehbar. Ein Tag kann voller Hoffnung und Akzeptanz sein, während der nächste von tiefer Traurigkeit und Verzweiflung geprägt ist. Dieses Hin und Her kann verwirrend und entmutigend sein, vor allem, wenn man sich fragt, ob man "richtig" trauert.

Es ist wichtig, sich daran zu erinnern, dass es keinen einheitlichen Weg gibt, um zu trauern. Manche Menschen weinen viel, andere kaum. Einige verspüren eine tiefe emotionale Leere, während andere eine überwältigende Intensität der Gefühle erleben. Einige Trauernde finden Trost in Ritualen und Erinnerungen, andere wollen nichts damit zu tun haben. All diese Reaktionen sind normal und legitim.

Trauer kann sich auch auf unerwartete Weise äußern. Manche Menschen erleben körperliche Symptome wie Kopfschmerzen, Magenprobleme oder Müdigkeit. Andere spüren eine Art emotionale Taubheit oder finden sich unfähig, alltägliche Aufgaben zu erledigen. Wieder andere suchen obsessiv nach Antworten oder entwickeln Schuldgefühle und Selbstvorwürfe. Es gibt auch Menschen, die auf eine Weise reagieren, die nach außen hin kaum als Trauer zu erkennen ist – sie wirken gefasst oder sogar ungerührt, was jedoch nicht bedeutet, dass sie weniger trauern.

Die Gesellschaft kann ebenfalls Erwartungen an die Trauer haben, die Druck auf die Trauernden ausüben. Oft wird erwartet, dass man nach einer gewissen Zeit "darüber hinweg" ist und wieder normal funktioniert. Doch Trauer lässt sich nicht in einem bestimmten Zeitrahmen abwickeln. Manche Menschen benötigen Monate oder Jahre, um einen Verlust zu verarbeiten, und auch dann kann die Trauer in Momenten wieder aufleben, oft ausgelöst durch Jahrestage, besondere Ereignisse oder scheinbar unbedeutende Erinnerungen.

Es gibt auch Unterschiede in der Art und Weise, wie verschiedene Kulturen und Gemeinschaften mit Trauer umgehen. In einigen Kulturen wird Trauer offen ausgedrückt, mit lautem Weinen und Klagen, während in anderen Zurückhaltung und stille Würde bevorzugt werden. Diese kulturellen Unterschiede können beeinflussen, wie wir unsere eigene Trauer erleben und wie wir sie in der Gesellschaft zeigen.

In Zeiten intensiver Trauer kann es hilfreich sein, sich daran zu erinnern, dass es kein "richtig" oder "falsch" gibt.

Jeder Trauerprozess ist so einzigartig wie der Verlust, der ihn ausgelöst hat. Der Schlüssel liegt darin, sich selbst zu erlauben, die Trauer auf die eigene Weise zu durchleben, ohne sich an äußeren Erwartungen zu orientieren. Trauer ist kein Zeichen von Schwäche, sondern ein Ausdruck tiefer Liebe und Verlustes – und sie verdient den Raum, den sie benötigt.

1.5 Ein Licht im Dunkeln: Der Blick nach vorn

Trauer ist eine Reise, die uns durch die dunkelsten Momente unseres Lebens führt. Doch auch in dieser Dunkelheit gibt es immer wieder Lichtblicke – kleine Momente der Hoffnung und des Trostes, die uns daran erinnern, dass das Leben weitergeht und dass es möglich ist, nach einem Verlust wieder Sinn und Freude zu finden.

Dieser Weg nach vorn ist nicht einfach. Er erfordert Mut, Geduld und die Bereitschaft, sich den schwierigen Emotionen zu stellen, die mit der Trauer einhergehen. Doch er führt uns auch zu einem tieferen Verständnis unserer eigenen Stärke und zu der Erkenntnis, dass es möglich ist, wieder glücklich zu sein, auch wenn das Leben nie wieder so sein wird wie zuvor.

Ein wichtiger Schritt auf diesem Weg ist es, sich selbst zu erlauben, wieder Freude zu empfinden. Oft fühlen sich Trauernde schuldig, wenn sie beginnen, wieder positive Gefühle zu erleben, als ob dies den Verlust des geliebten Menschen schmälern würde. Doch Freude und Trauer schließen sich nicht aus – sie können nebeneinander existieren. Es ist möglich, den Schmerz des Verlustes zu spüren und gleichzeitig die Schönheit des Lebens zu schätzen. Diese duale Realität anzuerkennen, ist ein wesentlicher Bestandteil des Heilungsprozesses.

Manchmal beginnen diese Lichtblicke ganz unerwartet. Es kann ein Moment sein, in dem man plötzlich die Wärme der Sonne auf der Haut spürt und sich daran erinnert, dass das Leben weitergeht. Es kann ein Lächeln sein, das sich auf das Gesicht schleicht, wenn man sich an eine glückliche Erinnerung erinnert, oder das erste Mal, dass man wieder ehrlich lacht. Diese Momente sind wie Sterne, die den dunklen Himmel erleuchten – kleine, aber kraftvolle Zeichen, dass Heilung möglich ist.
Es ist wichtig, diese Momente der Freude zuzulassen und zu feiern, anstatt sie wegzuschieben. Sie sind kein Verrat an der Person, die man verloren hat, sondern ein Beweis dafür, dass das Leben, trotz allem, weitergeht. Die Liebe und die Erinnerungen an den Verstorbenen bleiben ein Teil von uns, aber sie müssen uns nicht daran hindern, wieder glücklich zu sein.

Ein weiterer Schritt in Richtung Heilung ist die Schaffung neuer Rituale und Routinen. Während bestimmte Rituale, wie das Gedenken an Jahrestage oder das Besuchen des Grabes, weiterhin eine wichtige Rolle spielen können, ist es auch hilfreich, neue Gewohnheiten zu entwickeln, die das Leben nach dem Verlust strukturieren und Sinn geben. Dies kann so einfach sein wie ein täglicher Spaziergang, eine neue Sportart, das Pflegen eines Gartens oder das Erlernen eines neuen Hobbys. Diese Aktivitäten bieten nicht nur Ablenkung, sondern auch eine Möglichkeit, den eigenen Horizont zu erweitern und neue Quellen der Erfüllung zu finden.

Soziale Beziehungen spielen ebenfalls eine zentrale Rolle auf dem Weg zur Heilung. Der Verlust eines geliebten Menschen kann uns isolieren, aber er kann uns auch dazu anregen, unsere Beziehungen zu vertiefen und neue Verbindungen zu knüpfen. Freunde und Familie können in dieser Zeit eine unschätzbare Unterstützung bieten. Manchmal sind es auch unerwartete Bekanntschaften – vielleicht ein neuer Nachbar oder ein Arbeitskollege – die in dieser Zeit zu wichtigen Bezugspersonen werden. Es ist nie zu spät, neue Freundschaften zu schließen und sich auf diese Weise wieder mit der Welt zu verbinden.

Für viele Menschen ist der Blick nach vorn auch mit einem neuen Sinn für das eigene Leben verbunden. Der Verlust kann uns dazu bringen, über die eigenen Prioritäten nachzudenken und zu überdenken, was wirklich wichtig ist. Manche finden Trost darin, dem Leben des Verstorbenen einen Sinn zu geben, indem sie sich in seinem Namen für eine wohltätige Sache engagieren, eine Stiftung gründen oder anderen Menschen in ähnlichen Situationen helfen. Diese Art der Sinnsuche kann ein kraftvoller Weg sein, um die Erinnerung an den Verstorbenen lebendig zu halten und gleichzeitig die eigene Trauer in etwas Positives zu verwandeln.

Es ist jedoch auch wichtig zu betonen, dass der Heilungsprozess Zeit braucht und dass es Rückschläge geben kann. Manchmal fühlt man sich, als ob man große Fortschritte gemacht hat, nur um dann durch eine unerwartete Erinnerung oder ein schwieriges Ereignis wieder in die Tiefe der Trauer gezogen zu werden. Solche Rückschläge sind normal und bedeuten nicht, dass man in seiner Heilung versagt hat. Sie sind Teil des Prozesses, und es ist in Ordnung, sich in diesen Momenten schwach und verletzlich zu fühlen. Geduld mit sich selbst ist in dieser Zeit entscheidend. Heilung verläuft nicht linear, und es gibt kein festes Enddatum, bis zu dem man "fertig" sein muss. Jeder Mensch hat sein eigenes Tempo, und das ist in Ordnung. Manchmal dauert es Monate, manchmal Jahre, bis man sich wieder stabil fühlt.

Der Schmerz mag nie ganz verschwinden, aber er verändert sich – wird weniger überwältigend und allgegenwärtig und lässt Raum für neue Erfahrungen und Emotionen.

Am Ende des Weges steht die Erkenntnis, dass es möglich ist, nach einem Verlust wieder zu leben – nicht so wie zuvor, sondern auf eine neue, vielleicht tiefere Weise. Die Trauer hat uns verändert, uns weicher und zugleich stärker gemacht. Wir tragen die Erinnerung an den Verstorbenen in uns, aber wir sind auch in der Lage, neue Erinnerungen zu schaffen, die unser Leben bereichern.

Das Meer der Tränen, das uns am Anfang so überwältigt hat, wird mit der Zeit ruhiger. Die Wellen sind immer noch da, aber sie sind sanfter geworden. Wir haben gelernt, in ihnen zu schwimmen, haben gelernt, dass das Leben trotz der Dunkelheit weitergeht. Und während wir auf diesem neuen Weg voranschreiten, erkennen wir, dass wir nicht alleine sind. Der Schmerz hat uns nicht zerstört – er hat uns geformt, hat uns stärker und weiser gemacht. Und in dieser Stärke liegt die Möglichkeit, wieder Freude und Frieden zu finden.

Das erste Kapitel endet hier, doch die Reise geht weiter. In den kommenden Kapiteln werden wir uns weiter mit den Herausforderungen der Trauer auseinandersetzen, aber auch mit den Möglichkeiten, wieder Freude, Liebe und Sinn im Leben zu finden. Denn auch wenn der Verlust uns verändert hat, gibt es immer die Hoffnung auf einen neuen Anfang – einen Anfang, der aus der Dunkelheit erwächst und uns zurück ins Licht führt.

Kapitel 2: Die Zeit des Trostes

Nach den ersten überwältigenden Tagen und Wochen der Trauer, in denen der Schock noch tief sitzt, beginnt eine neue Phase: die Zeit des Trostes. Diese Zeit ist geprägt von dem Bedürfnis, sich zu sammeln, inneren Frieden zu finden und langsam den Weg zurück ins Leben zu suchen. Der Schmerz ist noch da, doch die akute Wunde beginnt, sich zu schließen. Es ist eine Phase, in der das Umfeld eine entscheidende Rolle spielt, aber auch der Blick nach innen wichtiger wird. Hier geht es darum, Unterstützung zu finden, sich selbst zu pflegen und Wege zu entdecken, mit dem Verlust in einer neuen Realität umzugehen.

2.1 Unterstützung finden: Die Bedeutung von Gemeinschaft

In Zeiten tiefer Trauer wird die Bedeutung von Gemeinschaft besonders spürbar. Der Verlust eines geliebten Menschen reißt oft eine Lücke in das eigene Leben, die nur schwer zu füllen ist.

Freunde, Familie und andere nahestehende Menschen können dabei helfen, diese Leere zu überbrücken, indem sie Trost spenden, zuhören und einfach da sind.

Gemeinschaft bietet nicht nur emotionale Unterstützung, sondern auch praktische Hilfe. Oftmals fühlen sich Trauernde überfordert von den alltäglichen Aufgaben, die trotz des inneren Aufruhrs erledigt werden müssen. Hier können Freunde und Familie entlasten, indem sie bei alltäglichen Dingen wie Einkaufen, Kochen oder der Betreuung von Kindern helfen. Diese Unterstützung ermöglicht es den Trauernden, sich auf ihren eigenen Heilungsprozess zu konzentrieren.

Wichtig ist es auch, Räume für offene Gespräche zu schaffen. Trauer kann isolieren, vor allem wenn das Gefühl entsteht, dass andere Menschen die Intensität des Schmerzes nicht nachvollziehen können. In solchen Momenten kann es hilfreich sein, mit Menschen zu sprechen, die ähnliche Erfahrungen gemacht haben. Selbsthilfegruppen oder Trauercafés bieten eine solche Plattform. Hier können Betroffene in einem geschützten Rahmen ihre Gefühle teilen, ohne Angst vor Unverständnis oder Ablehnung zu haben.

Doch Gemeinschaft geht über direkte Begegnungen hinaus. Auch digitale Räume können Trost spenden. Online-Foren und soziale Netzwerke bieten die Möglichkeit, sich mit anderen Trauernden auszutauschen und Unterstützung zu finden, auch wenn man sich persönlich nicht kennt. Diese Anonymität kann für manche Menschen befreiend wirken, da sie ihnen erlaubt, offener über ihre Gefühle zu sprechen, ohne die Reaktionen des Gegenübers unmittelbar sehen zu müssen.

Ein weiterer wichtiger Aspekt der Gemeinschaft ist das Gedenken an den Verstorbenen. Gemeinsame Erinnerungen und Rituale helfen dabei, den geliebten Menschen zu ehren und gleichzeitig die eigene Trauer zu verarbeiten. Dies kann durch das Teilen von Geschichten, das gemeinsame Ansehen von Fotos oder das Besuchen von Orten geschehen, die mit dem Verstorbenen verbunden sind. Diese gemeinschaftlichen Aktivitäten fördern das Gefühl der Verbundenheit und können helfen, den Schmerz zu lindern.

Allerdings ist es wichtig, sich bewusst zu machen, dass nicht jede Form von Gemeinschaft als hilfreich empfunden wird. Es kann Situationen geben, in denen man sich von der Unterstützung überfordert fühlt oder das Gefühl hat, dass das Umfeld die eigene Trauer nicht richtig versteht.

In solchen Fällen ist es völlig in Ordnung, sich zurückzuziehen und nur so viel Kontakt zu haben, wie es sich gut anfühlt. Trauer ist ein sehr persönlicher Prozess, und es ist wichtig, auf die eigenen Bedürfnisse zu hören.

Die Bedeutung von Gemeinschaft in Zeiten der Trauer kann nicht genug betont werden. Doch ebenso wichtig ist es, sich der eigenen Grenzen bewusst zu sein und zu wissen, dass es in Ordnung ist, auch einmal „Nein" zu sagen, wenn man sich überfordert fühlt. Die Balance zwischen Nähe und Rückzug ist entscheidend, um den eigenen Heilungsprozess zu unterstützen und in dieser schweren Zeit einen Weg zu finden, der sich richtig anfühlt.

2.2 Selbstfürsorge in schweren Zeiten: Techniken zur Beruhigung und Entspannung

Selbstfürsorge ist in der Zeit der Trauer von entscheidender Bedeutung. Während das Umfeld Unterstützung bietet, ist es ebenso wichtig, auf die eigenen Bedürfnisse zu achten und Wege zu finden, sich selbst zu beruhigen und zu entspannen. Trauer kann sowohl emotional als auch körperlich sehr belastend sein, und es ist daher unerlässlich, Techniken zu entwickeln, die helfen, diese Belastungen zu mildern.

Eine der grundlegendsten Techniken zur Beruhigung ist die Atemkontrolle. Bewusstes Atmen kann helfen, den Körper zu entspannen und den Geist zu beruhigen. Eine einfache Übung besteht darin, sich auf den Atem zu konzentrieren, langsam ein- und auszuatmen und dabei bis vier zu zählen. Diese tiefe, rhythmische Atmung kann Stress abbauen und dabei helfen, den Moment bewusst wahrzunehmen, anstatt sich in Gedanken und Gefühlen zu verlieren.

Neben der Atemkontrolle können auch körperliche Übungen eine wichtige Rolle in der Selbstfürsorge spielen. Sanfte Bewegungen wie Yoga oder Tai-Chi fördern nicht nur die körperliche Gesundheit, sondern haben auch positive Effekte auf das seelische Wohlbefinden. Diese Praktiken verbinden Bewegung mit Achtsamkeit und helfen dabei, Spannungen abzubauen und den Kopf frei zu bekommen. Selbst regelmäßige Spaziergänge in der Natur können Wunder wirken – die frische Luft und die beruhigende Umgebung haben eine heilsame Wirkung auf Körper und Geist.

Meditation ist eine weitere Technik, die in der Trauerzeit sehr hilfreich sein kann. Durch das stille Sitzen und das Fokussieren auf den gegenwärtigen Moment können Trauernde lernen, ihre Gedanken und Gefühle zu beobachten, ohne sich von ihnen überwältigen zu lassen.

Meditation bietet einen Raum der Ruhe, in dem man Abstand vom Schmerz gewinnen und neue Kraft schöpfen kann. Für viele ist dies eine wertvolle Zeit der inneren Einkehr, die hilft, Klarheit und Frieden zu finden.

Es ist jedoch wichtig, sich daran zu erinnern, dass Selbstfürsorge nicht nur aus speziellen Techniken und Übungen besteht. Auch alltägliche Aktivitäten, die Freude bereiten oder einfach guttun, gehören dazu. Das kann das Lesen eines Buches sein, das Zubereiten einer Lieblingsmahlzeit, das Hören von Musik oder das kreative Schaffen, wie Malen oder Schreiben. Alles, was das Herz leicht macht und ein wenig Normalität in den Alltag bringt, trägt zur Heilung bei.

Manche Menschen finden auch Trost in der Pflege von Ritualen. Diese können so einfach sein wie das Anzünden einer Kerze am Abend oder das Schreiben eines täglichen Tagebucheintrags. Rituale schaffen Struktur und geben der Trauer einen Rahmen, in dem sie gefühlt und ausgedrückt werden kann. Sie helfen, die Tage zu gliedern und bieten eine gewisse Sicherheit in einer ansonsten chaotischen Zeit.

Die Ernährung sollte ebenfalls nicht vernachlässigt werden. In Zeiten der Trauer neigen viele Menschen dazu, entweder gar nichts oder ungesund zu essen. Dabei spielt die richtige Ernährung eine wichtige Rolle für das allgemeine Wohlbefinden. Frische, nährstoffreiche Lebensmittel können den Körper stärken und die Stimmung positiv beeinflussen. Es ist hilfreich, sich regelmäßig kleine, nahrhafte Mahlzeiten zuzubereiten, die sowohl den Körper nähren als auch ein Gefühl von Selbstfürsorge vermitteln.

Schließlich ist ausreichend Schlaf eine essenzielle Komponente der Selbstfürsorge. Trauer kann den Schlaf erheblich stören – sei es durch Gedanken, die einen wachhalten, oder durch Albträume. Hier können Entspannungstechniken, ein festes Abendritual oder natürliche Hilfsmittel wie Kräutertees unterstützen. Wenn Schlafprobleme anhalten, kann auch professionelle Hilfe in Anspruch genommen werden, um den nötigen Schlaf und damit auch die notwendige Erholung sicherzustellen.

Selbstfürsorge ist in der Trauerzeit kein Luxus, sondern eine Notwendigkeit. Sie hilft, die emotionale und körperliche Erschöpfung zu lindern und gibt den Betroffenen die Kraft, den Tag zu bewältigen. Diese Techniken und Rituale sind Werkzeuge, die den Trauerprozess unterstützen und erleichtern können, indem sie Momente der Ruhe und des Friedens schaffen. In einer Zeit, in der so vieles außer Kontrolle geraten scheint, bietet Selbstfürsorge eine Möglichkeit, wieder etwas Stabilität und Sicherheit in das eigene Leben zu bringen.

2.3 Rituale und Abschied: Wege des Loslassens

Rituale spielen eine zentrale Rolle im Trauerprozess. Sie bieten einen Rahmen, in dem die Trauer ausgedrückt und der Verlust eines geliebten Menschen gewürdigt werden kann. Rituale können individuell oder gemeinschaftlich, traditionell oder ganz persönlich sein – sie sind so vielfältig wie die Menschen, die sie durchführen.

Ein klassisches Ritual ist die Beerdigung oder Trauerfeier. Diese Zeremonien sind oft der erste formelle Schritt des Abschieds. Sie bieten einen Ort, an dem die Gemeinschaft zusammenkommt, um den Verstorbenen zu ehren, Erinnerungen zu teilen und Trost zu spenden. Für viele Menschen ist dies ein unverzichtbarer Teil des Trauerprozesses, der hilft, den Tod zu begreifen und die Realität des Verlustes zu akzeptieren.

Neben diesen formellen Ritualen gibt es viele andere Wege, Abschied zu nehmen. Manche Menschen entwickeln eigene Rituale, die ihnen helfen, den Verlust zu verarbeiten. Dies kann das regelmäßige Besuchen des Grabes sein, das Anlegen eines Erinnerungsbuchs mit Fotos und Geschichten oder das Anzünden einer Kerze zu bestimmten Anlässen. Solche Rituale schaffen eine Verbindung zwischen dem Hier und Jetzt und der Erinnerung an den Verstorbenen.

Das Schreiben von Briefen an den Verstorbenen ist ein weiteres kraftvolles Ritual. Es ermöglicht den Trauernden, ihre Gefühle auszudrücken, ungeklärte Fragen zu stellen oder einfach das, was sie beschäftigt, niederzuschreiben. Diese Briefe müssen nicht abgeschickt oder gezeigt werden – es geht darum, den eigenen Gedanken und Emotionen Raum zu geben und sich dadurch zu entlasten.

Ein besonders symbolischer Akt des Loslassens ist das Freilassen von Luftballons oder das Aussetzen von schwimmenden Kerzen auf einem Fluss oder See. Solche Handlungen haben etwas Beruhigendes und geben dem Verlust eine visuelle und greifbare Form. Sie symbolisieren das Loslassen und das Weitergeben von Erinnerungen in die Weite der Welt.

Musik kann ebenfalls ein mächtiges Ritual des Abschieds sein. Bestimmte Lieder oder Melodien können Erinnerungen hervorrufen und gleichzeitig Trost spenden. Das Anhören oder sogar Singen von Liedern, die eine besondere Bedeutung haben, kann ein verbindendes und heilendes Erlebnis sein. Viele Menschen finden Trost darin, ein musikalisches Ritual zu schaffen, das sie immer wieder durch schwierige Zeiten begleitet.

Rituale müssen jedoch nicht immer auf den Verstorbenen fokussiert sein. Sie
können auch den eigenen Heilungsprozess unterstützen. Ein solches Ritual
könnte zum Beispiel ein täglicher Spaziergang sein, bei dem man bewusst
Zeit für sich selbst nimmt, um die eigenen Gedanken zu ordnen und die Natur
zu genießen. Solche Rituale helfen, Struktur in den Alltag zu bringen und
fördern gleichzeitig das Wohlbefinden.

Es ist wichtig, dass Rituale nicht als Pflicht, sondern als freiwillige
Unterstützung wahrgenommen werden. Sie sollen den Trauernden helfen, ihre
Gefühle zu verarbeiten und einen Weg zu finden, mit dem Verlust umzugehen.
Jeder Mensch trauert anders, und deshalb sollten auch die Rituale individuell
an die eigenen Bedürfnisse angepasst werden.

Rituale und der bewusste Abschied können eine tiefe Heilung ermöglichen.
Sie helfen, den Verlust anzuerkennen und einen Weg zu finden, wie man ohne
die physische Anwesenheit des Verstorbenen weiterleben kann. Durch das
Schaffen von Ritualen wird der Schmerz nicht verschwinden, aber er wird in
eine Form gegossen, die es erlaubt, ihn zu bewältigen und nach und nach in
das eigene Leben zu integrieren.

2.4 Die Balance zwischen Erinnern und Weitergehen

In der Trauer ist es oft eine Herausforderung, die richtige Balance zwischen
Erinnern und Weitergehen zu finden. Auf der einen Seite steht der Wunsch,
den Verstorbenen nicht zu vergessen und die gemeinsame Zeit zu bewahren;
auf der anderen Seite das Bedürfnis, das eigene Leben wieder aufzunehmen
und neue Erfahrungen zu machen.

Das Erinnern an den Verstorbenen ist ein natürlicher und wichtiger Teil des
Trauerprozesses. Erinnerungen halten die Verbindung zu der geliebten Person
aufrecht und geben dem Leben, das man gemeinsam geteilt hat, eine
Bedeutung. Sie können Trost spenden und sind oft eine Quelle der Stärke. Ob
es die Erinnerung an ein gemeinsames Lachen, eine bestimmte Geste oder
einen besonderen Moment ist – diese Erinnerungen sind Schätze, die das
Herz warmhalten.

Gleichzeitig kann das Festhalten an der Vergangenheit jedoch auch hinderlich
sein, wenn es den Blick auf die Zukunft versperrt. Es ist wichtig, sich bewusst
zu machen, dass das Weitergehen nicht bedeutet, den Verstorbenen zu
vergessen oder zu verraten. Vielmehr geht es darum, den Verlust in das
eigene Leben zu integrieren und mit ihm eine neue Form von Normalität zu
schaffen.

Dieser Balance Akt ist oft nicht leicht. Es gibt Tage, an denen die Erinnerungen überwältigend sind, und andere, an denen man das Bedürfnis hat, nach vorne zu schauen und sich auf das eigene Leben zu konzentrieren. Beide Aspekte sind wichtig und haben ihren Platz im Trauerprozess.

Ein Weg, diese Balance zu finden, ist es, bewusst Zeiten für das Erinnern zu schaffen. Dies kann durch Rituale, wie das Anzünden einer Kerze oder das Schreiben in ein Tagebuch, geschehen. Solche festen Momente des Erinnerns erlauben es, die Trauer zu würdigen, ohne dass sie den gesamten Alltag bestimmt. Gleichzeitig geben sie den Raum, die eigenen Gefühle zu ordnen und die Verbindung zum Verstorbenen zu pflegen.

Auf der anderen Seite ist es ebenso wichtig, sich die Erlaubnis zu geben, weiterzuleben. Neue Erfahrungen, neue Beziehungen und das Entwickeln neuer Interessen sind Zeichen des Heilungsprozesses und nicht des Vergessens. Es ist normal und gesund, sich nach einer Zeit des Rückzugs wieder auf das Leben einzulassen, auch wenn dies manchmal mit Schuldgefühlen verbunden sein kann.

Es kann hilfreich sein, sich daran zu erinnern, dass der Verstorbene wahrscheinlich gewollt hätte, dass man glücklich ist und sein Leben weiterlebt. Der Gedanke, dass man durch das eigene Weitergehen das Andenken an den Verstorbenen ehrt, kann ein beruhigender und ermutigender Gedanke sein.

Das Finden der Balance zwischen Erinnern und Weitergehen ist ein fortlaufender Prozess. Es gibt kein richtig oder falsch, keine feste Regel, wie lange man trauern darf oder wann es Zeit ist, weiterzugehen. Jeder Mensch hat sein eigenes Tempo, und das sollte respektiert werden. Wichtig ist, sich selbst die Erlaubnis zu geben, sowohl zu erinnern als auch weiterzugehen – beides ist Teil des Heilungsprozesses.

2.5 Der Weg zurück ins Leben: Erste Schritte zur Heilung

Der Weg zurück ins Leben nach einem tiefen Verlust ist oft lang und herausfordernd. Doch mit der Zeit und der richtigen Unterstützung ist es möglich, wieder Freude und Erfüllung zu finden. Die ersten Schritte zur Heilung sind entscheidend, um diesen Weg erfolgreich zu beschreiten.

Ein wichtiger erster Schritt ist das Akzeptieren des Verlustes. Dies bedeutet nicht, dass der Schmerz verschwindet, sondern dass man die Realität des Verlustes annimmt und sich der Herausforderung stellt, weiterzuleben.

Akzeptanz ist oft der erste Schritt zur Heilung, auch wenn es schwerfällt. Es ist ein langsamer Prozess, der Zeit braucht und in kleinen Schritten erfolgt.

Die Rückkehr ins Leben beginnt oft mit der Wiederaufnahme kleiner alltäglicher Aktivitäten. Diese Routinen bieten Struktur und Normalität, was in einer Zeit, in der alles unsicher erscheint, sehr beruhigend wirken kann. Einfache Aufgaben wie das Aufräumen, Kochen oder Einkaufen können helfen, das Gefühl von Kontrolle und Normalität wiederzugewinnen.

Es ist auch wichtig, sich wieder mit der Welt zu verbinden. Dies kann durch soziale Kontakte, Hobbys oder neue Interessen geschehen. Sich auf Neues einzulassen, erfordert Mut, aber es ist ein entscheidender Schritt, um wieder ins Leben zurückzufinden. Neue Erfahrungen können das Gefühl der Isolation durchbrechen und helfen, neue Perspektiven zu gewinnen.

Für viele Menschen ist es auch hilfreich, sich Ziele zu setzen. Diese müssen nicht groß oder ambitioniert sein – kleine, erreichbare Ziele sind oft am besten geeignet, um die ersten Schritte zu erleichtern. Dies kann ein wöchentliches Treffen mit Freunden sein, die Teilnahme an einem Kurs oder das Planen eines kleinen Ausflugs. Solche Ziele geben dem Leben eine Richtung und helfen, den Fokus von der Trauer auf das eigene Wohlbefinden zu lenken.

Es ist jedoch wichtig, sich selbst nicht zu überfordern. Der Heilungsprozess ist kein Wettlauf, sondern ein langsames Voranschreiten. Es gibt Tage, an denen es leichter fällt, und Tage, an denen der Schmerz überwältigend ist. Es ist wichtig, sich diese Schwankungen zu erlauben und sich nicht unter Druck zu setzen, schneller zu heilen, als es einem möglich ist.
Ein weiterer wichtiger Schritt zur Heilung ist das Annehmen von Hilfe. Professionelle Unterstützung durch einen Therapeuten oder eine Trauerbegleitung kann eine wertvolle Hilfe sein, um den eigenen Weg zu finden. Diese Unterstützung bietet nicht nur Raum für das Ausdrücken von Gefühlen, sondern auch praktische Hilfe bei der Bewältigung des Alltags und der Neuorientierung.

Die Heilung nach einem Verlust ist ein individueller Prozess, der Zeit und Geduld erfordert. Es gibt keinen festen Zeitrahmen, und jeder Mensch muss seinen eigenen Weg finden. Doch mit der Zeit wird es möglich, wieder Freude und Frieden zu finden. Der Verlust wird immer ein Teil des eigenen Lebens bleiben, doch er muss nicht das ganze Leben bestimmen. Der Weg zurück ins Leben ist eine Reise, die in kleinen Schritten beginnt und schließlich zu einem neuen Gleichgewicht führt.

Abschluss von Kapitel 2

Kapitel 2 schließt mit der Erkenntnis, dass die Zeit des Trostes eine Phase ist, in der Heilung und Wachstum möglich sind. In dieser Zeit des Rückzugs und der Selbstfürsorge beginnt der Prozess des Wiederaufbaus. Gemeinschaft, Rituale und Selbstfürsorge bieten die notwendigen Werkzeuge, um diese schwierige Zeit zu überstehen und langsam wieder ins Leben zurückzufinden. Es ist ein langsamer und oft schmerzhafter Weg, aber es ist ein Weg, der zu neuer Stärke und einem neuen Sinn führen kann. Auch wenn das Leben nach dem Verlust niemals dasselbe sein wird, gibt es doch die Möglichkeit, wieder Frieden und Freude zu finden – Schritt für Schritt, Tag für Tag.

Kapitel 3: Das Gewissen und seine Ausbeutung

Das Gewissen ist ein zentrales Element unserer inneren Welt. Es leitet uns, mahnt uns und formt unsere moralischen Werte. Doch was passiert, wenn diese innere Stimme, die uns eigentlich helfen soll, uns schadet oder sogar gegen uns verwendet wird? In diesem Kapitel begeben wir uns auf eine Reise, um das Wesen des Gewissens zu erkunden, seine Potenziale und Fallstricke zu verstehen und schließlich Wege zu finden, wie wir es schützen und zu unserem Vorteil nutzen können. Der Autor führt den Leser mit sanfter Hand, durch ernüchternde Wahrheiten und gibt ihm Werkzeuge, um mit Klarheit und Milde zu sich selbst zu stehen.

3.1 Die innere Stimme verstehen: Was das Gewissen antreibt

Das Gewissen ist wie ein stiller Begleiter, der uns ständig begleitet und lenkt. Es ist die innere Stimme, die uns wissen lässt, was richtig und was falsch ist. Aber was treibt diese Stimme an? Woher kommt sie, und warum spricht sie manchmal so laut?

Das Gewissen entwickelt sich im Laufe unseres Lebens und wird von verschiedenen Faktoren beeinflusst: unsere Erziehung, kulturelle Werte, religiöse Überzeugungen und persönliche Erfahrungen. Schon als Kinder lernen wir, was als gut oder schlecht angesehen wird, was erwartet wird und was abgelehnt wird. Diese moralischen Grundsätze werden tief in unser Unterbewusstsein eingebettet und formen die Grundlage unseres Gewissens.

Doch das Gewissen ist nicht starr; es ist dynamisch und passt sich im Laufe der Zeit an. Es reagiert auf unsere Erfahrungen, unser Umfeld und die Entwicklung unserer Persönlichkeit. Ein starkes Gewissen kann uns leiten und motivieren, das Richtige zu tun, selbst wenn es schwierig ist.

Es kann uns ermutigen, Verantwortung zu übernehmen und uns für Gerechtigkeit einzusetzen.

Gleichzeitig kann ein übermäßig aktives Gewissen uns in eine Spirale aus Schuld und Selbstvorwürfen ziehen. Wenn diese innere Stimme unnachgiebig ist, wenn sie ständig kritisiert und anklagt, kann sie uns schaden. Ein zu strenges Gewissen kann unser Selbstwertgefühl untergraben, uns ängstlich und unsicher machen und uns daran hindern, uns weiterzuentwickeln.

Ein gesundes Gewissen hingegen ist flexibel. Es ermöglicht es uns, Fehler zu machen, daraus zu lernen und uns weiterzuentwickeln, ohne uns selbst zu verurteilen. Es ist eine Stimme, die uns führt, ohne uns zu erdrücken; die uns ermutigt, ohne uns zu schikanieren. Das Verständnis dafür, was unser Gewissen antreibt, ist der erste Schritt, um es zu einem Verbündeten zu machen, der uns stärkt, anstatt uns zu schwächen.

3.2 Schuld und Selbstvorwürfe: Wie wir uns selbst schaden

Schuld ist ein mächtiges Gefühl. Es kann uns dazu bringen, unser Verhalten zu überdenken und Verantwortung für unsere Taten zu übernehmen. Doch Schuld kann auch zu einem lähmenden Gefühl werden, das uns quält und uns daran hindert, uns weiterzuentwickeln. Wenn Schuld überhandnimmt und in Selbstvorwürfen mündet, beginnt sie, uns zu schaden.

Selbstvorwürfe sind das Gift, das aus der übermäßigen Schuld entsteht. Sie entstehen, wenn wir uns selbst für Fehler oder Versäumnisse bestrafen, oft über das notwendige Maß hinaus. Diese Vorwürfe können sich auf vergangene Entscheidungen, Handlungen oder sogar auf Dinge beziehen, die außerhalb unserer Kontrolle liegen. Sie nagen an uns, bringen uns dazu, uns ständig zu hinterfragen und unser Selbstwertgefühl zu untergraben.

Ein typisches Szenario ist das sogenannte „Was-wäre-wenn"-Denken. Wir spielen vergangene Situationen immer wieder im Kopf durch, stellen uns vor, wie wir anders hätten handeln können, und machen uns Vorwürfe, dass wir es nicht getan haben. Diese Art des Denkens ist nicht nur fruchtlos, sondern auch destruktiv. Es hält uns in der Vergangenheit gefangen und hindert uns daran, nach vorne zu schauen und aus unseren Erfahrungen zu lernen.

Selbstvorwürfe führen oft zu einer verzerrten Wahrnehmung der Realität. Wir beginnen, uns selbst als „schlecht" oder „unfähig" zu sehen, nur weil wir einen Fehler gemacht haben.

Diese negative Selbstwahrnehmung kann in eine Abwärtsspirale führen, in der wir uns selbst immer weiter kritisieren und anklagen, bis unser Selbstwertgefühl völlig zerstört ist.

Doch Schuld und Selbstvorwürfe sind nicht immer rational. Oft nehmen wir Schuld auf uns, die uns gar nicht zusteht, oder wir übertreiben unsere Verantwortung für eine Situation. Dies kann durch äußere Einflüsse verstärkt werden – etwa durch Erwartungen, die andere an uns haben, oder durch gesellschaftliche Normen, die uns suggerieren, wie wir zu sein haben.

Ein entscheidender Schritt, um uns von übermäßigen Schuldgefühlen zu befreien, ist es, die Rationalität dieser Gefühle zu hinterfragen. Wir müssen lernen, uns selbst gegenüber ebenso fair und mitfühlend zu sein, wie wir es gegenüber anderen wären. Fehler zu machen ist menschlich, und es ist wichtig, uns selbst zu erlauben, Fehler zu machen, ohne uns selbst dafür zu verurteilen.

Ein weiterer wichtiger Schritt ist die Selbstvergebung. Selbstvergebung bedeutet, die Verantwortung für unsere Taten anzuerkennen, aber uns gleichzeitig zu erlauben, daraus zu lernen und weiterzugehen. Es bedeutet, uns selbst zu sagen: „Ich habe einen Fehler gemacht, aber das macht mich nicht zu einem schlechten Menschen." Selbstvergebung ist der Schlüssel, um aus der Spirale der Selbstvorwürfe auszubrechen und wieder Frieden mit uns selbst zu finden.

3.3 Manipulation durch das Gewissen: Wann andere unsere moralischen Werte ausnutzen

Das Gewissen ist ein mächtiges Werkzeug, das uns antreibt, moralisch und ethisch zu handeln. Doch leider kann es auch gegen uns verwendet werden. Es gibt Menschen, die die moralischen Werte anderer bewusst ausnutzen, um ihre eigenen Ziele zu erreichen. Diese Form der Manipulation kann subtil sein, aber ihre Auswirkungen sind tiefgreifend und oft schwer zu erkennen.

Ein typisches Beispiel für die Ausbeutung des Gewissens ist emotionale Erpressung. Menschen, die sich dieser Taktik bedienen, spielen auf die Schuldgefühle anderer an, um sie zu bestimmten Handlungen zu bewegen. Sie setzen moralische Maßstäbe, die den Betroffenen ein schlechtes Gewissen machen, wenn sie diesen nicht gerecht werden. Dies kann in persönlichen Beziehungen, aber auch im beruflichen Umfeld geschehen.

Emotionale Erpressung basiert auf der Manipulation von Schuldgefühlen. Ein Partner könnte zum Beispiel sagen: „Wenn du mich wirklich lieben würdest, würdest du das tun." Solche Aussagen zielen darauf ab, die innere Stimme des Gewissens zu aktivieren und den anderen dazu zu bringen, aus Schuld oder Angst heraus zu handeln. Der Manipulierte fühlt sich gezwungen, nachzugeben, um sein Gewissen zu beruhigen, selbst wenn er weiß, dass die Forderung unfair oder unangemessen ist.

Ein weiteres Beispiel ist die Ausnutzung des Altruismus. Menschen, die ein starkes Bedürfnis haben, anderen zu helfen, können leicht manipuliert werden, indem man ihnen das Gefühl gibt, sie seien egoistisch oder rücksichtslos, wenn sie ihre eigenen Bedürfnisse in den Vordergrund stellen. Diese Manipulation spielt auf das moralische Bedürfnis an, ein „guter Mensch" zu sein, und nutzt es aus, um den Betroffenen dazu zu bringen, seine eigenen Grenzen zu überschreiten.

Auch in größeren gesellschaftlichen Kontexten kann das Gewissen manipuliert werden. Unternehmen oder Organisationen können die moralischen Werte ihrer Mitarbeiter oder Kunden ausnutzen, um bestimmte Verhaltensweisen zu fördern, die letztlich dem eigenen Profit dienen. Dies kann durch das Spielen auf Umweltbewusstsein, soziale Gerechtigkeit oder andere ethische Überzeugungen geschehen. Die Betroffenen handeln aus einem moralischen Antrieb heraus, ohne zu erkennen, dass sie manipuliert werden.

Ein besonders heimtückisches Beispiel ist die sogenannte „Moralische Überlegenheit". Menschen, die sich moralisch überlegen fühlen, können versuchen, diese Überlegenheit zu nutzen, um andere zu beeinflussen oder zu kontrollieren. Sie setzen ihre eigenen moralischen Maßstäbe als absolut und verurteilen andere, die diesen nicht gerecht werden. Dies kann dazu führen, dass die Betroffenen beginnen, an sich selbst zu zweifeln und ihre eigenen Werte und Überzeugungen infrage zu stellen.

Das Erkennen von Manipulation durch das Gewissen ist oft schwierig, da es subtil und gut getarnt sein kann. Doch es gibt Anzeichen, auf die man achten kann. Wenn man sich in einer Situation wiederholt schuldig oder unzureichend fühlt, obwohl man rational weiß, dass man nichts falsch gemacht hat, könnte dies ein Hinweis auf Manipulation sein. Auch das Gefühl, ständig den Erwartungen anderer entsprechen zu müssen, obwohl es gegen die eigenen Bedürfnisse oder Überzeugungen geht, kann auf eine Ausbeutung des Gewissens hindeuten.

Sich vor dieser Art von Manipulation zu schützen, erfordert Klarheit und Selbsreflexion. Es ist wichtig, die eigenen moralischen Werte zu kennen und sich ihrer bewusst zu sein. Gleichzeitig sollten wir lernen, uns gegen unfaire Forderungen abzugrenzen und unsere eigenen Bedürfnisse und Grenzen zu respektieren. Ein gesundes, starkes Gewissen ist ein Gewissen, das uns leitet, ohne uns manipulieren zu lassen.

3.4 Techniken zur Befreiung von übermäßigem Schuldgefühl

Übermäßige Schuldgefühle können unser Leben dominieren und uns daran hindern, glücklich

und erfüllt zu sein. Um uns von diesen belastenden Gefühlen zu befreien, bedarf es gezielter Techniken, die uns helfen, Schuld zu relativieren und uns wieder in ein gesundes Gleichgewicht zu bringen.

Eine der wirksamsten Techniken ist das **Bewusste Reflektieren**. Dies bedeutet, sich Zeit zu nehmen, um die eigenen Schuldgefühle zu analysieren und zu hinterfragen. Oft stellen wir fest, dass unsere Schuldgefühle irrational oder übertrieben sind. Fragen wie „Warum fühle ich mich schuldig?", „Ist diese Schuld berechtigt?" und „Würde ich einem Freund in derselben Situation auch Vorwürfe machen?" können dabei helfen, Klarheit zu gewinnen und die Schuldgefühle in ein realistischeres Licht zu rücken.

Vergebung ist ein weiterer entscheidender Schritt. Dies gilt sowohl für die Vergebung gegenüber anderen als auch für die Selbstvergebung. Oft tragen wir Schuldgefühle für Dinge mit uns herum, die wir nicht ändern können. Uns selbst zu vergeben, bedeutet, uns von der Last zu befreien und den Raum für Heilung zu öffnen. Vergebung ist kein Zeichen von Schwäche, sondern von Stärke. Sie zeigt, dass wir bereit sind, aus der Vergangenheit zu lernen und uns weiterzuentwickeln.

Achtsamkeit ist eine Technik, die uns hilft, im Moment zu bleiben und unsere Gedanken zu kontrollieren. Übermäßige Schuldgefühle sind oft das Ergebnis von Grübeleien über die Vergangenheit. Achtsamkeitsübungen, wie Meditation oder bewusstes Atmen, können uns helfen, den Geist zu beruhigen und die Kontrolle über unsere Gedanken zurückzugewinnen. Wenn wir lernen, im Hier und Jetzt zu leben, anstatt uns ständig auf vergangene Fehler zu konzentrieren, können wir uns von der Last der Schuld befreien.

Positive Affirmationen sind ein weiteres wirksames Mittel gegen übermäßige Schuldgefühle.

Diese Affirmationen, wie „Ich bin ein guter Mensch" oder „Ich verdiene es, glücklich zu sein", können helfen, negative Gedankenmuster zu durchbrechen und das Selbstwertgefühl zu stärken. Indem wir uns regelmäßig positive Botschaften geben, können wir die innere Stimme des Gewissens in eine unterstützende und ermutigende Kraft verwandeln.

Therapeutische Unterstützung kann ebenfalls eine wertvolle Hilfe sein, um sich von übermäßigen Schuldgefühlen zu befreien. Ein Therapeut kann uns helfen, die Wurzeln unserer Schuldgefühle zu erkennen und Strategien zu entwickeln, um mit ihnen umzugehen. Oft ist es schwierig, alleine mit diesen Gefühlen fertig zu werden, und professionelle Unterstützung kann den Heilungsprozess beschleunigen.

Grenzen setzen ist eine weitere wichtige Technik, um sich von übermäßigen Schuldgefühlen zu befreien. Es ist wichtig zu erkennen, dass wir nicht für alles und jeden verantwortlich sind. Indem wir lernen, nein zu sagen und unsere eigenen Bedürfnisse zu respektieren, können wir verhindern, dass wir uns unnötig schuldig fühlen. Grenzen setzen bedeutet, sich selbst zu schützen und sicherzustellen, dass wir uns nicht überfordern oder ausnutzen lassen.

Schließlich ist es wichtig, die **Perspektive zu ändern**. Schuldgefühle sind oft das Ergebnis eines engen Fokus auf unsere Fehler und Mängel. Wenn wir lernen, die Dinge aus einer breiteren Perspektive zu betrachten und uns auf das Gute in uns und in unserem Leben zu konzentrieren, können wir die Last der Schuld leichter loslassen. Das Leben ist ein Lernprozess, und Fehler sind ein natürlicher Teil davon. Anstatt uns für unsere Fehler zu verurteilen, sollten wir sie als Gelegenheiten zur Weiterentwicklung und zum Wachstum sehen.

3.5 Die Kraft der inneren Klarheit: Sich selbst mit Milde begegnen

Innere Klarheit ist der Schlüssel zu einem gesunden und erfüllten Leben. Sie bedeutet, sich selbst zu verstehen, seine eigenen Werte und Bedürfnisse zu kennen und in der Lage zu sein, mit sich selbst in Frieden zu leben. Diese Klarheit hilft uns, uns selbst mit Milde zu begegnen und uns vor übermäßigen Schuldgefühlen und Selbstvorwürfen zu schützen.

Innere Klarheit beginnt mit der **Selbstreflexion**. Dies bedeutet, sich regelmäßig Zeit zu nehmen, um über sich selbst nachzudenken: Was treibt mich an? Was sind meine tiefsten Überzeugungen und Werte? Welche Ängste und Unsicherheiten beeinflussen mein Verhalten?

Durch Selbstreflexion können wir uns selbst besser verstehen und die Wurzeln unserer Schuldgefühle und Selbstvorwürfe erkennen.

Selbstakzeptanz ist ein weiterer wichtiger Bestandteil der inneren Klarheit. Sie bedeutet, sich selbst so anzunehmen, wie man ist – mit all seinen Stärken und Schwächen. Dies ist keine einfache Aufgabe, denn es erfordert, sich selbst mit all seinen Unvollkommenheiten zu konfrontieren und zu akzeptieren. Doch wenn wir lernen, uns selbst zu akzeptieren, können wir uns von dem ständigen Drang befreien, perfekt zu sein, und beginnen, uns selbst mit Milde und Mitgefühl zu begegnen.

Innere Klarheit erfordert auch, dass wir uns von äußeren Einflüssen distanzieren, die uns verwirren oder verunsichern. Dies kann bedeuten, sich von negativen Beziehungen zu lösen, die unser Selbstwertgefühl untergraben, oder sich von gesellschaftlichen Normen zu befreien, die nicht mit unseren eigenen Werten übereinstimmen. Wenn wir lernen, unsere eigenen Überzeugungen und Werte zu respektieren, können wir uns von dem Druck befreien, den Erwartungen anderer gerecht werden zu müssen.

Selbstmitgefühl ist eine Technik, die uns hilft, uns selbst mit Milde zu begegnen. Es bedeutet, sich selbst wie einen guten Freund zu behandeln – mit Verständnis, Geduld und Nachsicht. Wenn wir einen Fehler machen oder uns in einer schwierigen Situation befinden, sollten wir uns fragen: „Wie würde ich in dieser Situation mit einem guten Freund sprechen?" Diese Frage kann uns helfen, uns selbst mit mehr Mitgefühl zu begegnen und uns vor übermäßigen Schuldgefühlen zu schützen.

Grenzen setzen ist auch ein wesentlicher Bestandteil der inneren Klarheit. Es bedeutet, sich selbst und anderen klare Grenzen zu setzen, um sich vor Überforderung und Ausbeutung zu schützen. Dies kann bedeuten, Nein zu sagen, wenn wir uns überfordert fühlen, oder uns von Menschen zu distanzieren, die uns schaden. Wenn wir unsere eigenen Grenzen respektieren, können wir uns selbst mit mehr Milde begegnen und uns vor unnötigem Stress und Schuldgefühlen schützen.

Die Kraft der Vergebung ist ein weiterer wichtiger Aspekt der inneren Klarheit. Vergebung bedeutet, loszulassen – sowohl gegenüber anderen als auch gegenüber uns selbst. Es bedeutet, die Vergangenheit hinter sich zu lassen und sich auf die Gegenwart zu konzentrieren. Vergebung ist ein Akt der Befreiung, der uns hilft, uns selbst mit Milde zu begegnen und uns von der Last der Schuldgefühle zu befreien.

Dankbarkeit ist eine Praxis, die uns hilft, die positive Seite des Lebens zu sehen und uns selbst mit Milde zu begegnen. Indem wir uns regelmäßig Zeit nehmen, um für die guten Dinge in unserem Leben dankbar zu sein, können wir unser Denken von negativen Gedankenmustern befreien und uns auf das Positive konzentrieren. Dankbarkeit hilft uns, die Schönheit des Lebens zu erkennen und uns selbst und anderen gegenüber mit mehr Milde und Mitgefühl zu begegnen.

Abschluss von Kapitel 3

Kapitel 3 schließt mit der Erkenntnis, dass das Gewissen sowohl ein Freund als auch ein Feind sein kann. Es ist eine mächtige innere Stimme, die uns leitet und motiviert, moralisch und ethisch zu handeln. Doch wenn es übermäßig streng ist oder von anderen ausgenutzt wird, kann es uns schaden. Um das Gewissen zu unserem Verbündeten zu machen, müssen wir lernen, es zu verstehen, zu reflektieren und uns selbst mit Milde zu begegnen. Innere Klarheit, Selbstmitgefühl und die Fähigkeit, uns von übermäßigen Schuldgefühlen zu befreien, sind die Schlüssel zu einem gesunden und erfüllten Leben. Der Autor führt den Leser mit sanften Worten und ernüchternder Ehrlichkeit durch diese Reise und gibt ihm die Werkzeuge an die Hand, um in schwierigen Zeiten zu handeln, richtig zu träumen und weiterzugehen.

Kapitel 4: Das Licht der Hoffnung

In den dunkelsten Stunden unseres Lebens, wenn uns der Schmerz überwältigt und der Verlust uns erdrückt, suchen wir instinktiv nach einem Funken Hoffnung. Diese Hoffnung, so klein sie auch erscheinen mag, ist das Licht, das uns durch die Dunkelheit führt. In diesem Kapitel geht es um die Reise zur Wiederentdeckung dieses Lichts – die Entwicklung innerer Stärke, das Loslassen von Schuld und Schmerz, das Finden von Sinn trotz des Verlusts und den Mut, in die Zukunft zu blicken. Der Weg aus der Dunkelheit ist keine gerade Linie, sondern ein Pfad, der sich durch die Täler der Trauer und die Höhen der Akzeptanz windet. Doch am Ende wartet das Licht der Hoffnung, das uns den Weg in ein neues Leben weist.

4.1 Die Kraft der Resilienz: Stärke entwickeln

Resilienz ist die Fähigkeit, sich nach einem Sturz wieder aufzurichten – die innere Stärke, die es uns ermöglicht, trotz widriger Umstände weiterzumachen.

Doch Resilienz ist mehr als nur Widerstandsfähigkeit; sie ist die Kunst, im Angesicht von Schmerz und Verlust nicht nur zu überleben, sondern zu wachsen und zu gedeihen.

In der tiefsten Krise scheint Resilienz wie eine ferne Illusion. Doch jeder Mensch trägt das Potenzial zur Resilienz in sich. Es ist wie ein Samen, der in uns allen ruht, bereit, in den schwierigsten Zeiten zu erblühen. Resilienz entwickelt sich, wenn wir uns den Herausforderungen des Lebens stellen und sie als Gelegenheiten zur Selbstentfaltung begreifen.

Ein wesentlicher Bestandteil der Resilienz ist die Selbstfürsorge. Sich selbst mit Liebe und Mitgefühl zu begegnen, ist keine Schwäche, sondern eine Quelle der Stärke. In Zeiten der Trauer neigen wir dazu, uns selbst zu vernachlässigen, uns in den Schmerz zu verlieren. Doch gerade dann ist es wichtig, auf sich selbst zu achten – sei es durch kleine Rituale, wie das bewusste Genießen einer Tasse Tee, oder durch größere Maßnahmen, wie das Einholen von Unterstützung durch Freunde, Familie oder professionelle Hilfe.

Resilienz bedeutet auch, Flexibilität zu entwickeln. Das Leben verläuft selten nach Plan, und in den Momenten, in denen uns der Boden unter den Füßen weggezogen wird, ist es entscheidend, sich anzupassen. Dies erfordert eine geistige und emotionale Beweglichkeit, die es uns ermöglicht, uns an neue Realitäten anzupassen und trotz widriger Umstände voranzukommen.

Ein weiterer wichtiger Aspekt der Resilienz ist die Selbstreflexion. Wenn wir uns Zeit nehmen, über unsere Erfahrungen nachzudenken, können wir wertvolle Einsichten gewinnen, die uns helfen, zu wachsen. Selbstreflexion bedeutet, sich mit den eigenen Gefühlen und Gedanken auseinanderzusetzen, zu verstehen, was uns antreibt und was uns bremst. Diese Erkenntnisse sind die Bausteine, die unsere innere Stärke formen.

Resilienz entwickelt sich nicht über Nacht; sie ist das Ergebnis eines Prozesses, in dem wir lernen, mit unseren Schmerzen umzugehen und aus ihnen Kraft zu schöpfen. Es ist die Kunst, sich nicht von den Wellen des Lebens überwältigen zu lassen, sondern auf ihnen zu surfen – mit der Gewissheit, dass hinter jedem Sturm ein ruhiges Meer auf uns wartet.

4.2 Vergebung und Akzeptanz: Loslassen lernen

Vergebung und Akzeptanz sind die Schlüssel zum Loslassen – nicht nur von anderen, sondern vor allem von uns selbst. Der Schmerz, den wir erleiden, ist oft mit Gefühlen der Schuld, des Bedauerns oder der Wut verbunden. Doch um wirklich zu heilen, müssen wir lernen, diese Gefühle loszulassen und Frieden mit uns selbst und der Welt zu schließen.

Vergebung ist ein mächtiger Akt der Selbstbefreiung. Es bedeutet nicht, die Taten anderer zu entschuldigen oder zu vergessen, sondern den Schmerz loszulassen, der mit diesen Taten verbunden ist. Vergebung ist ein Prozess, der Zeit und Mut erfordert, aber letztlich bringt sie uns die Freiheit, die wir brauchen, um voranzukommen.

Die schwierigste Vergebung ist oft die gegenüber uns selbst. Wir tragen Schuldgefühle in uns, machen uns Vorwürfe für das, was wir getan oder nicht getan haben. Diese Selbstvorwürfe halten uns in der Vergangenheit gefangen und verhindern, dass wir nach vorne schauen. Doch wahre Heilung beginnt mit der Selbstvergebung. Es bedeutet, sich selbst zu erlauben, menschlich zu sein, Fehler zu machen und daraus zu lernen.

Akzeptanz ist der nächste Schritt im Prozess des Loslassens. Akzeptanz bedeutet, die Realität so anzunehmen, wie sie ist – ohne Widerstand, ohne Flucht. Es bedeutet, die Unveränderlichkeit bestimmter Dinge zu erkennen und Frieden damit zu schließen. Akzeptanz ist nicht Resignation, sondern die Anerkennung, dass das Leben uns Herausforderungen stellt, die wir nicht kontrollieren können, und dass es unsere Aufgabe ist, einen Weg zu finden, mit diesen Herausforderungen zu leben.

Ein wichtiger Aspekt der Akzeptanz ist es, sich von dem Gedanken zu lösen, dass das Leben „perfekt" sein muss. Wir neigen dazu, uns an Idealvorstellungen zu klammern, wie unser Leben aussehen sollte, und wenn die Realität diesen Vorstellungen nicht entspricht, leiden wir. Akzeptanz bedeutet, die Unvollkommenheit des Lebens zu umarmen und die Schönheit in den unvollkommenen Momenten zu erkennen.

Das Loslassen ist ein Akt des Vertrauens – Vertrauen in uns selbst, dass wir mit dem Leben zurechtkommen werden, und Vertrauen in das Leben, dass es uns Wege zeigen wird, die wir noch nicht sehen können. Loslassen bedeutet, die Kontrolle aufzugeben, die wir verzweifelt über das Unkontrollierbare ausüben wollen, und uns stattdessen dem Fluss des Lebens hinzugeben.

Es bedeutet, Raum zu schaffen für neue Erfahrungen, neue Möglichkeiten und letztlich für neues Glück.

4.3 Neue Perspektiven: Sinn finden trotz Schmerz

Inmitten des Schmerzes nach einem Verlust scheint es oft unmöglich, irgendeinen Sinn darin zu erkennen. Doch es ist genau dieser Sinn, den wir finden müssen, um uns aus der Dunkelheit zu befreien. Der Schmerz selbst kann uns lehren, das Leben mit neuen Augen zu sehen und tiefere Bedeutungen in unseren Erfahrungen zu entdecken.

Das Finden von Sinn beginnt oft mit der Frage: „Warum?" Warum ist das passiert? Warum musste ich diesen Verlust erleiden? Diese Fragen sind natürlich und unvermeidlich, doch oft gibt es keine einfachen oder zufriedenstellenden Antworten. Stattdessen müssen wir lernen, den Sinn in der Art und Weise zu finden, wie wir auf den Schmerz reagieren und was wir aus ihm machen.

Ein mächtiges Werkzeug, um neuen Sinn zu finden, ist das Konzept des Posttraumatischen Wachstums. Dieses Konzept besagt, dass Menschen durch das Erleben von tiefem Schmerz und Trauma wachsen und neue Perspektiven auf das Leben entwickeln können. Es ist die Erkenntnis, dass der Schmerz uns zwar verändert, aber dass diese Veränderung uns auch tiefere Einsichten, größere Empathie und ein stärkeres Gefühl für das, was wirklich wichtig ist, bringen kann.

Eine Möglichkeit, neuen Sinn zu finden, ist, den Fokus auf das Leben zu lenken, das trotz des Verlusts weitergeht. Es kann bedeuten, die Beziehungen zu schätzen, die wir noch haben, die Momente des Glücks zu würdigen, die trotz allem noch möglich sind, und die Schönheit in den einfachen Dingen des Lebens zu sehen. Der Schmerz erinnert uns daran, wie kostbar das Leben ist, und fordert uns auf, es in all seiner Tiefe zu leben.

Ein weiterer Weg, neuen Sinn zu finden, ist das Engagement in sinnvolle Aktivitäten. Dies könnte bedeuten, sich für eine Sache einzusetzen, die uns am Herzen liegt, anderen zu helfen, die ähnlichen Schmerz erfahren, oder kreativ zu werden und unseren Schmerz in Kunst, Schreiben oder andere Ausdrucksformen zu kanalisieren. Solche Aktivitäten geben unserem Leben einen neuen Sinn und helfen uns, den Schmerz in etwas Positives zu verwandeln.

Auch die spirituelle Perspektive kann eine Quelle des Sinns sein.

Für viele Menschen bietet der Glaube oder die spirituelle Praxis Trost und einen Rahmen, um den Schmerz zu verstehen. Spirituelle Überzeugungen können uns helfen, das Leben und den Tod in einem größeren Zusammenhang zu sehen und den Frieden zu finden, den wir brauchen, um weiterzumachen.

Sinn zu finden bedeutet letztlich, den Schmerz in eine Quelle der Stärke zu verwandeln. Es bedeutet, sich nicht von der Trauer überwältigen zu lassen, sondern den Schmerz als einen Teil des Lebens zu akzeptieren und ihm eine Bedeutung zu geben, die uns voranbringt. Dieser neue Sinn ist das Licht, das uns aus der Dunkelheit führt und uns zeigt, dass es immer Hoffnung gibt, selbst in den schwierigsten Zeiten.

4.4 Dankbarkeit und Wachstum: Was bleibt nach der Trauer?

Nach der Trauer bleibt nicht nur der Schmerz – es bleiben auch die Erinnerungen, die Lektionen und die Möglichkeiten zum Wachstum, die uns die Erfahrung hinterlässt. Dankbarkeit und Wachstum sind zwei Seiten derselben Medaille, die uns helfen, das Leben nach dem Verlust neu zu gestalten und die Trauer in eine Quelle der Weisheit und Stärke zu verwandeln.

Dankbarkeit scheint auf den ersten Blick im Widerspruch zur Trauer zu stehen. Wie kann man dankbar sein, wenn man einen schmerzhaften Verlust erlitten hat? Doch gerade in der Trauer kann Dankbarkeit eine mächtige Kraft sein. Sie bedeutet nicht, den Schmerz zu leugnen, sondern die kleinen Lichtblicke zu erkennen, die trotz allem noch da sind. Diese Lichtblicke können die Unterstützung von Freunden und Familie sein, die Erinnerung an gemeinsame Momente mit der verlorenen Person oder die Erkenntnis, dass wir trotz des Schmerzes weiterleben und lernen können.

Dankbarkeit hilft uns, den Fokus vom Verlust auf das zu lenken, was uns geblieben ist. Sie ermutigt uns, die Schönheit in den einfachen Dingen des Lebens wiederzuentdecken – sei es ein Sonnenaufgang, ein Lächeln oder ein liebevoller Gedanke. Diese Haltung kann uns helfen, eine positive Perspektive zu entwickeln und den Schmerz nicht als alles bestimmend zu sehen, sondern als einen Teil eines viel größeren und reicheren Lebens.

Wachstum ist der natürliche Begleiter der Dankbarkeit. Wenn wir den Schmerz als Teil unseres Lebens akzeptieren und ihn nicht verdrängen, können wir beginnen, aus ihm zu lernen und zu wachsen.

Dieser Wachstumsprozess ist oft nicht linear – es wird Tage geben, an denen der Schmerz überwältigend scheint, und andere, an denen wir uns stark und optimistisch fühlen. Doch mit der Zeit werden die Momente des Wachstums häufiger und tiefer.

Wachstum nach der Trauer bedeutet auch, neue Wege zu gehen. Vielleicht entdecken wir neue Interessen oder entwickeln eine tiefere Verbindung zu den Menschen um uns herum. Vielleicht finden wir eine neue Leidenschaft oder einen neuen Sinn im Leben, der uns hilft, die Leere zu füllen, die der Verlust hinterlassen hat.

Ein entscheidender Schritt in diesem Wachstumsprozess ist die Selbstreflexion. Wenn wir uns Zeit nehmen, über unsere Erfahrungen nachzudenken und daraus Schlüsse zu ziehen, können wir wertvolle Einsichten gewinnen, die uns helfen, stärker und weiser zu werden. Diese Reflexion ermöglicht es uns, den Schmerz in eine Quelle der Stärke zu verwandeln und eine tiefere Verbindung zu uns selbst und der Welt um uns herum zu entwickeln.

Am Ende bleibt nach der Trauer nicht nur der Schmerz, sondern auch die Möglichkeit, durch Dankbarkeit und Wachstum ein reicheres und erfüllteres Leben zu führen. Es ist die Erkenntnis, dass das Leben trotz aller Verluste weitergeht und dass wir die Kraft haben, aus jeder Erfahrung etwas Positives zu schöpfen. Dankbarkeit und Wachstum sind die Brücken, die uns helfen, von der Dunkelheit ins Licht zu gehen und die Zukunft mit neuer Hoffnung und Stärke zu begrüßen.

4.5 Ein neuer Anfang: Hoffnung in die Zukunft tragen

Nachdem wir uns den Schmerz und die Trauer erlaubt haben, ist der nächste Schritt, die Hoffnung wiederzufinden und einen neuen Anfang zu wagen. Die Reise aus der Dunkelheit hin zum Licht der Hoffnung ist keine leichte, doch sie ist notwendig, um das Leben nach einem Verlust neu zu gestalten.

Hoffnung ist nicht einfach ein Gefühl, sondern eine bewusste Entscheidung, die wir jeden Tag treffen. Sie bedeutet, das Vertrauen in die Zukunft zurückzugewinnen und sich vorzustellen, dass das Leben trotz allem wieder schön und erfüllend sein kann. Hoffnung gibt uns die Kraft, weiterzumachen, auch wenn der Weg unsicher und unklar ist.

Ein neuer Anfang erfordert Mut. Es bedeutet, sich auf neue Erfahrungen und Möglichkeiten einzulassen, auch wenn sie uns zunächst fremd oder beängstigend erscheinen.

Dieser Neuanfang kann in vielen Formen kommen – sei es durch die Aufnahme eines neuen Hobbys, das Eingehen neuer Beziehungen oder das Verfolgen lang gehegter Träume.

Ein wichtiger Aspekt des Neuanfangs ist das Setzen von Zielen. Diese Ziele müssen nicht groß oder lebensverändernd sein; oft reicht es, sich kleine, erreichbare Ziele zu setzen, die uns Schritt für Schritt voranbringen. Jeder kleine Erfolg auf diesem Weg stärkt unser Vertrauen in uns selbst und in die Zukunft.

Hoffnung bedeutet auch, sich daran zu erinnern, dass das Leben nicht statisch ist. Es wird weiterhin Herausforderungen und schwere Zeiten geben, aber auch Momente des Glücks und der Freude. Indem wir uns bewusst machen, dass das Leben aus Höhen und Tiefen besteht, können wir lernen, diese Schwankungen anzunehmen und uns auf die positiven Aspekte zu konzentrieren.

Schließlich bedeutet Hoffnung, sich wieder mit der Welt um uns herum zu verbinden. Es kann sehr heilsam sein, unsere Erfahrungen mit anderen zu teilen, Unterstützung zu geben und zu empfangen, und uns wieder als Teil eines größeren Ganzen zu fühlen. In der Gemeinschaft finden wir oft die Stärke, die wir allein nicht aufbringen können.

Der neue Anfang ist nicht das Ende unserer Reise, sondern der Beginn eines neuen Kapitels. Mit jedem Schritt, den wir vorwärts machen, finden wir mehr Licht und mehr Hoffnung, bis wir schließlich erkennen, dass wir nicht nur überlebt haben, sondern auch gewachsen sind. Dieses Wachstum bringt uns die Erkenntnis, dass selbst nach den dunkelsten Stunden das Leben immer wieder neu beginnen kann – und dass wir die Kraft in uns tragen, diesen Neuanfang zu gestalten.

Kapitel 5: Wissenschaft und Praxis

In den vorangegangenen Kapiteln haben wir uns mit den emotionalen und spirituellen Aspekten der Trauerbewältigung auseinandergesetzt. In diesem Kapitel wenden wir uns der Wissenschaft und Praxis zu, um ein tieferes Verständnis dafür zu entwickeln, was in uns geschieht, wenn wir trauern, und wie wir praktisch damit umgehen können. Trauer ist nicht nur ein emotionaler Zustand, sondern ein komplexer Prozess, der unser gesamtes Wesen erfasst – von der Psyche über den Körper bis hin zum Nervensystem.

Wir werden die psychologischen Hintergründe der Trauer erforschen, die Reaktionen unseres Nervensystems durch die Linse der Polyvagal-Theorie betrachten und schließlich konkrete Übungen und Ressourcen kennenlernen, die uns auf unserem Weg zur Heilung unterstützen können.

5.1 Trauer verstehen: Psychologische Hintergründe

Trauer ist eine der grundlegendsten menschlichen Erfahrungen. Sie betrifft uns alle – unabhängig von Kultur, Alter oder Lebenssituation. Doch was genau passiert in unserem Geist, wenn wir trauern? Warum fühlen wir uns manchmal verloren, gelähmt oder überwältigt von Emotionen? Um diese Fragen zu beantworten, müssen wir uns mit den psychologischen Grundlagen der Trauer auseinandersetzen.

Die wohl bekannteste Theorie zur Trauer stammt von der Schweizer Psychiaterin Elisabeth Kübler-Ross, die die fünf Phasen der Trauer entwickelte: Verleugnung, Wut, Verhandeln, Depression und Akzeptanz. Diese Phasen bieten einen Rahmen, um die verschiedenen emotionalen Zustände zu verstehen, die eine trauernde Person durchläuft. Es ist jedoch wichtig zu betonen, dass Trauer nicht linear verläuft – die Phasen können sich überschneiden, wiederholen oder in einer anderen Reihenfolge auftreten. Jeder Mensch trauert anders, und es gibt keinen „richtigen" Weg, diesen Prozess zu durchlaufen.

Ein weiteres Modell, das in der Psychologie häufig zur Erklärung von Trauer verwendet wird, ist das Duale Prozessmodell von Margaret Stroebe und Henk Schut. Dieses Modell schlägt vor, dass trauernde Menschen zwischen zwei Hauptaufgaben hin- und herpendeln: der Konfrontation mit dem Verlust und der Wiederherstellung des Alltags. Diese Oszillation ist ein natürlicher Teil der Trauer und ermöglicht es uns, schrittweise mit dem Verlust umzugehen, ohne von ihm überwältigt zu werden.

Ein Beispiel für die Anwendung dieses Modells könnte die Situation einer Frau sein, die ihren Partner verloren hat. An einem Tag könnte sie tief in Erinnerungen an gemeinsame Zeiten versinken und den Schmerz des Verlusts voll spüren – dies wäre die Phase der Konfrontation. Am nächsten Tag könnte sie sich darauf konzentrieren, ihre täglichen Aufgaben zu erledigen und neue Routinen zu entwickeln – dies wäre die Phase der Wiederherstellung. Beide Phasen sind wichtig und notwendig, um die Trauer gesund zu verarbeiten.

Ein weiterer Aspekt, der bei der Trauerbewältigung oft übersehen wird, ist die soziale Unterstützung.

Untersuchungen haben gezeigt, dass Menschen, die sich in Zeiten der Trauer auf ein starkes soziales Netzwerk stützen können, besser mit ihrem Verlust umgehen können. Dies liegt nicht nur daran, dass sie sich weniger isoliert fühlen, sondern auch daran, dass sie durch den Austausch mit anderen neuen Perspektiven und Bewältigungsstrategien entwickeln können.

Praktischer Vorschlag: Es könnte hilfreich sein, eine „Trauergruppe" zu finden oder ins Leben zu rufen, in der Betroffene sich regelmäßig treffen, um über ihre Erfahrungen zu sprechen. Der Austausch in einer Gruppe von Menschen, die ähnliche Gefühle durchleben, kann unglaublich unterstützend sein und das Gefühl von Einsamkeit mindern.

5.2 Die Polyvagal-Theorie: Wie unser Nervensystem reagiert

Die Polyvagal-Theorie, entwickelt von Dr. Stephen Porges, bietet einen tiefen Einblick in die Art und Weise, wie unser Nervensystem auf Stress und Trauer reagiert. Diese Theorie basiert auf der Funktionsweise des Vagusnervs, einem der längsten und komplexesten Nerven im Körper, der eine entscheidende Rolle bei der Regulierung unserer physiologischen und emotionalen Zustände spielt.

Der Vagusnerv ist ein Teil des parasympathischen Nervensystems und beeinflusst unter anderem die Herzfrequenz, die Verdauung und die Atmung. Porges' Theorie unterscheidet zwischen drei Zuständen des Nervensystems: dem ventralen Vagus Komplex (sicherer und sozialer Zustand), dem sympathischen Nervensystem (Kampf- oder Fluchtreaktion) und dem dorsalen Vagus Komplex (Schockstarre oder „Freeze"-Zustand).

In Momenten tiefen Traumas oder intensiver Trauer kann unser Nervensystem in einen Zustand der Schockstarre übergehen. Dieser Zustand des „Dorsal Vagal Shutdown" ist eine evolutionäre Reaktion auf überwältigenden Stress und soll uns vor weiteren Schäden schützen, indem er unsere physiologischen und emotionalen Systeme herunterfährt. Dies kann sich durch das Gefühl äußern, emotional abgestumpft, isoliert oder sogar körperlich erschöpft zu sein.

Ein praktisches Beispiel für den Einfluss der Polyvagal-Theorie könnte der Fall eines Mannes sein, der nach dem Tod eines geliebten Menschen plötzlich das Bedürfnis verspürt, sich von allen sozialen Kontakten zurückzuziehen. Er könnte das Gefühl haben, dass jede Form von Interaktion überwältigend ist, und sich in einen Zustand der „Schockstarre" versetzen, um sich zu schützen.

Dies ist ein typisches Beispiel dafür, wie der dorsale Vagus Komplex aktiviert wird, um eine Person in extremen Stresssituationen zu schützen.

Doch die Polyvagal-Theorie bietet auch Hoffnung: Sie legt nahe, dass wir durch gezielte Techniken lernen können, unser Nervensystem wieder in einen sichereren und sozialeren Zustand zu versetzen. Dies kann durch Atemübungen, sanfte körperliche Aktivitäten oder durch soziale Interaktionen geschehen, die uns das Gefühl von Sicherheit und Verbindung vermitteln.

Praktischer Vorschlag: Eine einfache Übung zur Aktivierung des ventralen Vagusnervs ist die sogenannte „Selbstumarmung". Dazu verschränkt man die Arme über der Brust, so dass die Hände auf den Schultern ruhen. Diese Position kann ein Gefühl der Sicherheit vermitteln und den Körper in einen ruhigeren Zustand versetzen. Regelmäßige Anwendung dieser Übung kann helfen, die emotionalen und physiologischen Reaktionen des Nervensystems zu regulieren.

5.3 Praktische Übungen: Wege zur emotionalen Stabilität

Die Theorie ist ein wichtiger erster Schritt, doch letztlich sind es die praktischen Übungen und Strategien, die uns helfen, in der Trauer emotionale Stabilität zu finden. In diesem Abschnitt stellen wir einige erprobte Techniken vor, die dabei helfen können, den Trauerprozess aktiv zu bewältigen.

**1. Achtsamkeitsmeditation: **
Achtsamkeitsmeditation ist eine bewährte Methode, um mit intensiven Emotionen umzugehen. Bei dieser Technik geht es darum, die eigenen Gedanken und Gefühle ohne Urteil wahrzunehmen und im Moment zu bleiben. Wenn Trauergefühle überwältigend werden, kann eine kurze Meditation helfen, wieder Boden unter den Füßen zu gewinnen und sich emotional zu stabilisieren.

**Beispiel: ** Setzen Sie sich an einen ruhigen Ort, schließen Sie die Augen und konzentrieren Sie sich auf Ihren Atem. Nehmen Sie jeden Atemzug bewusst wahr – wie er ein- und ausströmt. Wenn Gedanken aufkommen, lassen Sie sie vorbeiziehen, ohne ihnen nachzugehen. Konzentrieren Sie sich immer wieder auf den Atem. Schon wenige Minuten täglich können helfen, das emotionale Gleichgewicht zu stärken.

**2. Körperarbeit: **
Unser Körper speichert emotionale Spannungen, und gerade in Zeiten der Trauer können sich diese Spannungen verstärken.

Körperliche Übungen wie Yoga, Tai-Chi oder einfaches Stretching können helfen, diese Spannungen abzubauen und eine Verbindung zwischen Körper und Geist herzustellen.

**Beispiel: ** Eine einfache Yogaübung ist der „Herabschauende Hund". Diese Position dehnt den Rücken und die Schultern und kann helfen, Spannungen zu lösen. Gehen Sie auf Hände und Füße, strecken Sie das Gesäß in die Luft und halten Sie den Rücken gerade. Diese Position kann mehrere Atemzüge lang gehalten werden, um den Körper zu entspannen.

**3. Tagebuch schreiben: **
Das Schreiben in einem Tagebuch ist eine kraftvolle Methode, um die eigenen Gefühle zu verarbeiten. Indem wir unsere Gedanken zu Papier bringen, können wir Klarheit gewinnen und den Trauerprozess bewusst durchleben.

**Beispiel: ** Führen Sie ein tägliches „Gefühlstagebuch", in dem Sie Ihre Emotionen ohne Selbstzensur niederschreiben. Sie könnten den Tag mit der Frage beginnen: „Wie fühle ich mich heute?" und Ihre Antworten ehrlich und offen aufschreiben. Dieser Prozess hilft, Gefühle zu ordnen und sich selbst besser zu verstehen.

**4. Kreativer Ausdruck: **
Kunst, Musik oder Schreiben bieten uns die Möglichkeit, Gefühle auszudrücken, die wir vielleicht nicht in Worte fassen können. Der kreative Ausdruck kann eine heilsame Wirkung haben, indem er uns erlaubt, unsere inneren Welten nach außen zu bringen.

**Beispiel: ** Versuchen Sie, ein Bild zu malen, das Ihre aktuellen Gefühle darstellt. Es muss kein Meisterwerk sein; es geht darum, das, was in Ihnen vorgeht, visuell auszudrücken. Auch das Schreiben eines Gedichts oder das Komponieren eines Liedes kann helfen, den inneren Schmerz zu verarbeiten.

5.4 Ressourcen und Anlaufstellen

: Wo Hilfe zu finden ist

In den dunkelsten Momenten der Trauer kann es schwierig sein, den nächsten Schritt zu sehen. Doch es gibt zahlreiche Ressourcen und Anlaufstellen, die Unterstützung bieten. Das Wissen, dass Hilfe verfügbar ist, kann uns das Vertrauen geben, das wir brauchen, um weiterzumachen.

**1. Professionelle Therapie: **
Wenn die Trauer überwältigend wird und Sie das Gefühl haben, alleine nicht weiterzukommen, kann eine professionelle Therapie eine wertvolle Unterstützung sein. Therapeuten, die auf Trauerbewältigung spezialisiert sind, können Ihnen helfen, Ihre Gefühle zu verstehen und gesunde Bewältigungsstrategien zu entwickeln.

**Vorschlag: ** Suchen Sie nach einem Therapeuten, der Erfahrung in der Arbeit mit Trauernden hat. Viele bieten Erstgespräche an, in denen Sie herausfinden können, ob die Chemie stimmt. Auch Online-Therapie kann eine gute Option sein, insbesondere wenn es in Ihrer Nähe keine geeigneten Angebote gibt.

**2. Selbsthilfegruppen: **
Der Austausch mit anderen, die ähnlichen Erfahrungen gemacht haben, kann unglaublich tröstlich sein. Selbsthilfegruppen bieten einen sicheren Raum, um über die eigenen Gefühle zu sprechen und von den Erfahrungen anderer zu lernen.

**Vorschlag: ** Informieren Sie sich über Selbsthilfegruppen in Ihrer Nähe oder suchen Sie online nach virtuellen Gruppen, die sich regelmäßig treffen. Viele Menschen finden in solchen Gruppen ein Gefühl von Gemeinschaft und Verständnis, das ihnen hilft, den Trauerprozess zu bewältigen.

**3. Bücher und Online-Ressourcen: **
Es gibt zahlreiche Bücher, Artikel und Online-Kurse, die sich mit Trauerbewältigung beschäftigen. Diese Ressourcen bieten wertvolle Einsichten und können eine Ergänzung zur persönlichen Therapie oder Selbsthilfe sein.

**Vorschlag: ** Beginnen Sie mit Klassikern wie „Über den Tod und das Leben danach" von Elisabeth Kübler-Ross oder „Option B" von Sheryl Sandberg, die beide praktische und einfühlsame Ansätze zur Trauerbewältigung bieten.

**4. Spirituelle Unterstützung: **
Für viele Menschen ist der Glaube oder eine spirituelle Praxis eine wichtige Quelle der Kraft. Ob durch das Gespräch mit einem Seelsorger, das Besuchen von spirituellen Retreats oder das Praktizieren von Meditation – spirituelle Unterstützung kann helfen, den Trauerprozess zu durchlaufen.

**Vorschlag: ** Wenn Sie einer religiösen Gemeinschaft angehören, suchen Sie das Gespräch mit einem Seelsorger. Auch interreligiöse und spirituelle Zentren bieten oft Unterstützung und Ressourcen für Trauernde an.

**5. Krisenhotlines und Notfallkontakte: **
In akuten Krisensituationen, in denen die Trauer überwältigend wird und es schwierig erscheint, weiterzumachen, können Krisenhotlines eine wichtige Anlaufstelle sein. Sie bieten rund um die Uhr Unterstützung und können Ihnen helfen, durch die dunkelsten Momente zu kommen.

Abschließend bleibt festzuhalten, dass Trauer ein tiefgreifender Prozess ist, der alle Ebenen unseres Seins betrifft. Indem wir uns Wissen aneignen, uns praktische Techniken zunutze machen und die verfügbaren Ressourcen in Anspruch nehmen, können wir den Trauerprozess in einer Weise durchlaufen, die uns nicht nur hilft zu überleben, sondern auch zu wachsen und zu heilen.

Kapitel 6: Der Weg in ein erfülltes Leben

Trauer ist eine Reise, die uns tief in die Dunkelheit führen kann. Doch sie ist auch eine Reise, die uns, wenn wir bereit sind, wieder ins Licht bringt – mit neuen Einsichten, einer gestärkten Seele und einem tieferen Verständnis für das Leben. In diesem letzten Kapitel reflektieren wir den Weg, den wir gegangen sind, die Kraft der Resilienz und des inneren Friedens, und werfen einen Blick auf das Leben nach dem Verlust – mit Zuversicht und Hoffnung.

6.1 Aus der Dunkelheit ins Licht: Ein persönlicher Rückblick

Die Reise durch die Trauer beginnt oft mit einem Gefühl der Verlorenheit. Der Verlust eines geliebten Menschen oder eines wichtigen Lebensabschnitts kann uns das Gefühl geben, den Boden unter den Füßen zu verlieren. In dieser Phase erscheinen die Tage grau und die Zukunft düster. Doch es ist wichtig, sich daran zu erinnern, dass diese Dunkelheit nicht das Ende ist, sondern ein Teil des natürlichen Prozesses der Heilung.

Betrachten wir beispielsweise die Geschichte von Anna, einer Frau, die ihren Ehemann nach 25 gemeinsamen Jahren plötzlich verlor. In den ersten Monaten nach seinem Tod fühlte sie sich wie in einem endlosen Tunnel gefangen – ohne Licht, ohne Hoffnung. Ihre Tage bestanden aus Routinehandlungen, die sie mechanisch ausführte, während ihre Gedanken immer wieder zu den gemeinsamen Erinnerungen zurückkehrten. Doch eines Tages, während eines Spaziergangs in einem nahegelegenen Park, sah sie einen alten Mann, der eine Blume pflückte und sie mit einem Lächeln in die Tasche steckte. Diese einfache Geste erinnerte sie daran, dass das Leben trotz des Schmerzes weitergeht – dass es immer noch kleine Momente der Schönheit gibt, die es wert sind, geschätzt zu werden.

Dieser Moment markierte den Beginn von Annas Rückkehr ins Licht. Es dauerte Zeit, Geduld und die Bereitschaft, den Schmerz zu akzeptieren und gleichzeitig nach vorn zu blicken. Schritt für Schritt lernte sie, den Verlust in ihr Leben zu integrieren, ohne dass er ihr ganzes Sein dominierte. Sie begann, sich wieder mit alten Freunden zu treffen, neue Hobbys zu entdecken und sogar ehrenamtlich in einem Hospiz zu arbeiten, um anderen in ähnlichen Situationen beizustehen.

Annas Geschichte zeigt uns, dass der Weg aus der Dunkelheit nicht linear verläuft. Es gibt Rückschläge, Momente des Zweifels und tiefe Trauer, die plötzlich wieder auftauchen können. Doch jeder Schritt in Richtung Licht bringt uns näher zu einem neuen, erfüllten Leben. Es ist dieser Weg, der uns lehrt, dass es möglich ist, trotz des Verlusts wieder Freude und Frieden zu finden.

Praktischer Vorschlag: Eine Methode, um den eigenen Fortschritt auf dieser Reise zu reflektieren, ist das Führen eines „Erinnerungstagebuchs". Schreiben Sie regelmäßig auf, welche positiven Erlebnisse oder kleinen Erfolge Sie an jedem Tag hatten. Dies kann helfen, den Fokus auf das Licht zu lenken, das langsam wieder in Ihr Leben tritt.

6.2 Die Bedeutung von Resilienz und innerem Frieden

Resilienz, die Fähigkeit, sich von Rückschlägen zu erholen und gestärkt daraus hervorzugehen, ist ein zentrales Thema in der Trauerbewältigung. Doch was genau ist Resilienz, und wie können wir sie in unserem Leben kultivieren?

Resilienz ist nicht einfach ein Zustand, sondern ein Prozess – eine dynamische Anpassungsfähigkeit, die es uns ermöglicht, trotz aller Widrigkeiten weiterzumachen. In der Trauer ist Resilienz der innere Antrieb, der uns dazu bringt, jeden Morgen aufzustehen, auch wenn der Schmerz groß ist. Sie ist das stille Wissen, dass wir, obwohl das Leben uns tief erschüttert hat, die Kraft in uns tragen, uns wieder aufzurichten.

Ein Beispiel für gelebte Resilienz ist die Geschichte von Markus, einem alleinerziehenden Vater, der seine Tochter bei einem tragischen Unfall verlor.

Der Verlust brachte ihn an den Rand seiner Belastbarkeit. Doch anstatt sich in der Trauer zu verlieren, entschied sich Markus, seine Resilienz aktiv zu stärken. Er begann, regelmäßig zu meditieren, um seinen Geist zu beruhigen, und suchte nach Wegen, wie er seine Erfahrungen in etwas Positives umwandeln konnte. Er gründete eine Stiftung zur Unterstützung von Eltern, die ähnliche Verluste erlitten hatten, und half so anderen, die gleichen Schritte zu gehen, die er bereits gemacht hatte.

Resilienz bedeutet auch, inneren Frieden zu finden. Doch was genau ist innerer Frieden inmitten von Trauer? Es ist die Akzeptanz dessen, was geschehen ist, ohne den Versuch, die Vergangenheit zu ändern oder zu kontrollieren. Innerer Frieden bedeutet, mit dem Schmerz zu leben, ohne von ihm definiert zu werden. Es ist ein Zustand der Gelassenheit, der uns erlaubt, das Leben so anzunehmen, wie es ist, mit all seinen Höhen und Tiefen.

Praktischer Vorschlag: Eine einfache Übung, um Resilienz und inneren Frieden zu fördern, ist die „Dankbarkeitsmeditation". Setzen Sie sich an einen ruhigen Ort, schließen Sie die Augen und konzentrieren Sie sich auf Ihren Atem. Denken Sie an drei Dinge, für die Sie in diesem Moment dankbar sind – es können kleine Dinge sein, wie das Lächeln eines Fremden oder die Wärme der Sonne auf Ihrer Haut. Diese Übung kann Ihnen helfen, den Fokus auf das Positive in Ihrem Leben zu richten und den inneren Frieden zu stärken.

6.3 Mit Zuversicht nach vorn: Das Leben nach dem Verlust

Nachdem wir den Schmerz durchlebt und die Resilienz gestärkt haben, stellt sich die Frage: Wie sieht das Leben nach dem Verlust aus? Wie können wir mit Zuversicht nach vorn blicken, ohne das Gefühl zu haben, dass wir das Vergangene verraten?

Das Leben nach dem Verlust ist eine Neuorientierung – ein Balanceakt zwischen Erinnerung und Neuanfang. Es geht darum, den geliebten Menschen oder das, was verloren wurde, in unser Leben zu integrieren, ohne dabei stehenzubleiben. Dies kann bedeuten, neue Ziele zu setzen, sich auf neue Beziehungen einzulassen oder sogar berufliche Veränderungen vorzunehmen.

Ein inspirierendes Beispiel hierfür ist die Geschichte von Eva, die nach dem Tod ihres Partners zunächst das Gefühl hatte, niemals wieder lieben zu können. Sie verbrachte Jahre in Isolation, unfähig, sich vorzustellen, dass es ein Leben nach diesem Verlust geben könnte. Doch eines Tages traf sie bei einer ehrenamtlichen Tätigkeit auf jemanden, der eine ähnliche Trauer durchlebte.

Durch ihre gemeinsame Erfahrung fanden sie Trost und schließlich auch Liebe in einer neuen Partnerschaft. Diese Beziehung war anders als die vorherige – sie war geprägt von gegenseitigem Verständnis und einer tiefen Verbindung, die aus der gemeinsamen Erfahrung von Verlust und Heilung entstanden war.

Evas Geschichte zeigt, dass es möglich ist, nach einem Verlust wieder Liebe und Freude zu finden – nicht als Ersatz, sondern als Ergänzung zu den Erinnerungen und Erfahrungen, die uns prägen. Das Leben nach dem Verlust bedeutet, die Vergangenheit zu würdigen und gleichzeitig offen für das Neue zu sein.

Ein weiteres Beispiel ist der Schritt in eine neue berufliche Richtung. Viele Menschen finden nach einem Verlust einen neuen Sinn, indem sie sich beruflich verändern oder ein Projekt beginnen, das ihnen eine neue Perspektive bietet. So entschied sich Thomas, der nach dem Tod seiner Mutter lange Zeit keinen Sinn in seiner Arbeit sah, seinen Beruf als Anwalt aufzugeben und eine Beratungsstelle für Trauernde zu eröffnen. Durch seine eigene Erfahrung und das Wissen, das er sich angeeignet hatte, konnte er anderen Menschen in ihrer dunkelsten Stunde helfen und gleichzeitig für sich selbst einen neuen Lebenssinn finden.

Praktischer Vorschlag: Ein hilfreicher Ansatz, um die Zukunft mit Zuversicht anzugehen, ist das Setzen von „intelligenten Zielen" (SMART-Ziele – spezifisch, messbar, erreichbar, relevant, zeitgebunden). Überlegen Sie, was Sie in den nächsten sechs Monaten erreichen möchten, sei es in Ihrem persönlichen Leben, in Beziehungen oder beruflich. Durch das Setzen konkreter und erreichbarer Ziele können Sie den ersten Schritt in eine positive Zukunft machen und das Gefühl gewinnen, wieder Kontrolle über Ihr Leben zu haben.

Das Leben nach dem Verlust ist nicht das Gleiche wie vorher, aber es kann dennoch reich und erfüllend sein. Mit der Zeit und den richtigen Werkzeugen können wir lernen, den Verlust zu integrieren und gleichzeitig neue Freude zu finden. Der Weg in ein erfülltes Leben führt über die Anerkennung des Schmerzes, das Bewusstsein für die eigene Stärke und die Bereitschaft, das Neue willkommen zu heißen.

In diesem letzten Kapitel haben wir gesehen, dass der Verlust uns tief erschüttern kann, aber auch die Tür zu einem neuen, erfüllten Leben öffnen kann.

Es ist eine Reise, die Mut, Geduld und das Vertrauen erfordert, dass hinter jedem Ende auch ein neuer Anfang wartet. Mit Resilienz, innerem Frieden und Zuversicht können wir den Weg in ein erfülltes Leben finden und mit neuem Licht und Liebe in die Zukunft blicken.

Das Jahr endet, aber du nicht: Nachwort

Das Ende eines Jahres ist oft eine Zeit der Reflexion, des Abschieds und der neuen Vorsätze. Wir verabschieden uns von den vergangenen zwölf Monaten, den Höhen und Tiefen, den Erfolgen und den Verlusten. Doch während das Jahr zu Ende geht, ticken die Uhren weiter, und so auch unser Leben. In diesem Nachwort möchten wir uns Zeit nehmen, um darüber nachzudenken, was es bedeutet, weiterzumachen – selbst wenn alles um uns herum auf ein Ende zusteuert.

Stell dir vor, du stehst am Ufer eines Sees, dessen Wasser ruhig und klar ist. Die Abendsonne taucht den Himmel in ein warmes, goldenes Licht, während sie langsam am Horizont verschwindet. Es ist ein Moment des Friedens, des Abschieds vom Tag – aber auch des Wissens, dass die Sonne morgen wieder aufgeht. Der Tag mag zu Ende gehen, aber das Leben geht weiter. Genauso verhält es sich mit dem Ende eines Jahres. Es ist nicht das Ende deines Lebens oder deiner Möglichkeiten, sondern ein natürlicher Übergang, der Raum für neue Anfänge schafft.

In dieser Zeit des Übergangs ist es wichtig, sich daran zu erinnern, dass du selbst mehr bist als die Ereignisse, die dich umgeben. Du bist nicht definiert durch die Kalenderblätter, die abgerissen werden, oder die Jahreszeiten, die kommen und gehen. Du bist ein Wesen von tiefer Widerstandskraft und unendlichem Potenzial, das in der Lage ist, sich immer wieder neu zu erfinden.

Lass uns gemeinsam reflektieren, wie weit du in diesem Jahr gekommen bist. Vielleicht hast du einen Verlust erlitten, der dich tief erschüttert hat. Vielleicht hast du Herausforderungen gemeistert, die dich an deine Grenzen gebracht haben. Aber in all dem Schmerz und der Unsicherheit bist du weitergegangen. Du hast die dunklen Tage überstanden, hast dich den Stürmen gestellt und stehst jetzt hier, am Rande eines neuen Jahres, mit der Möglichkeit, weiterzuwachsen und Neues zu entdecken.

Die Kraft des Lebens liegt in seiner Kontinuität – in der Fähigkeit, trotz der Endlichkeit einzelner Momente immer weiter zu fließen.

Auch wenn das Jahr endet, bedeutet das nicht, dass du endest. Vielmehr bedeutet es, dass du die Chance hast, mit den Erfahrungen und der Weisheit, die du gesammelt hast, weiterzumachen. Du bist stärker und weiser als zu Beginn des Jahres, und diese Stärke wird dir helfen, die Herausforderungen des kommenden Jahres mit Mut und Zuversicht zu meistern.

Praktischer Vorschlag: Am Ende eines Jahres kann es hilfreich sein, ein Ritual des Loslassens und des Neuanfangs durchzuführen. Schreibe auf, was du in diesem Jahr gelernt hast, welche Herausforderungen du überwunden hast und wofür du dankbar bist. Dann schreibe auf, welche Wünsche und Ziele du für das neue Jahr hast. Lass diese Aufzeichnungen eine Quelle der Inspiration und des Mutes sein, wenn du in das neue Jahr eintrittst.

Anhang: Nützliche praktische Werkzeuge

Damit du den Übergang ins neue Jahr mit Hoffnung und Klarheit gestalten kannst, haben wir hier einige praktische Werkzeuge zusammengestellt. Diese Tools sollen dir helfen, das Beste aus dem kommenden Jahr zu machen und deinen Weg mit Entschlossenheit und Lebensfreude zu gehen.

Tracker für Lebensfülle

Ein „Tracker für Lebensfülle" ist ein einfaches, aber effektives Werkzeug, um deine Fortschritte im täglichen Leben zu dokumentieren. Es hilft dir, die kleinen und großen Momente des Glücks, der Dankbarkeit und des Wachstums bewusst wahrzunehmen und zu schätzen.

Wie funktioniert er? Jeden Tag oder jede Woche nimmst du dir ein paar Minuten Zeit, um die positiven Erlebnisse und Gefühle zu notieren, die du erfahren hast. Das können kleine Dinge sein, wie ein freundliches Gespräch, ein gutes Buch oder ein Moment der Ruhe in der Natur. Indem du diese Momente festhältst, trainierst du dein Bewusstsein, das Gute in deinem Leben wahrzunehmen und wertzuschätzen.

Beispiel: Du kannst eine Tabelle erstellen, in der du Kategorien wie „Dankbarkeit", „Freude", „Erfolgserlebnisse" und „Persönliches Wachstum" einträgst. Jede Woche füllst du diese Tabelle mit den entsprechenden Erfahrungen. Am Ende des Jahres hast du eine Sammlung von positiven Momenten, die dir zeigt, wie reich dein Leben trotz aller Herausforderungen ist.

Intensivkurs „Was ist in mir?"

Der Intensivkurs „Was ist in mir?" ist ein reflektierender Prozess, der dir hilft, deine inneren Stärken, Überzeugungen und Werte zu entdecken. Er ermöglicht dir, tief in dich hineinzuhorchen und herauszufinden, wer du wirklich bist und was dich antreibt.

Wie funktioniert er? Dieser Kurs besteht aus einer Reihe von Fragen und Übungen, die dich dazu anregen, über deine tiefsten Wünsche, Ängste und Ziele nachzudenken. Es geht darum, sich selbst besser kennenzulernen und ein klareres Bild von dem Menschen zu bekommen, der du bist und der du sein möchtest.

Beispiel-Fragen:
- Was sind die drei Dinge, die mir am meisten Freude bereiten?
- Welche Herausforderungen haben mich in der Vergangenheit stärker gemacht?
- Welche Werte sind mir im Leben am wichtigsten?
- Wofür möchte ich in meinem Leben stehen?

Vorschlag: Nehme dir jede Woche eine Frage oder Übung aus dem Kurs vor und arbeite sie in Ruhe durch. Notiere deine Gedanken und Gefühle dazu. Dieser Prozess kann dir helfen, Klarheit über deinen Lebensweg zu gewinnen und Entscheidungen zu treffen, die im Einklang mit deinem wahren Selbst stehen.

Liste der verborgenen Vorteile

Oft sehen wir nur die negativen Aspekte unserer Herausforderungen und Verluste, doch in jeder schwierigen Situation gibt es auch verborgene Vorteile – Lektionen, die wir lernen, Stärken, die wir entwickeln, und Möglichkeiten, die sich eröffnen.

Wie funktioniert sie? Die Liste der verborgenen Vorteile ist ein Werkzeug, das dir hilft, das Positive in scheinbar negativen Erfahrungen zu erkennen. Indem du dir bewusst machst, welche Vorteile oder positiven Aspekte sich aus einer schwierigen Situation ergeben haben, kannst du eine optimistischere Perspektive auf das Leben gewinnen.

Beispiel: Wenn du in diesem Jahr eine schwierige Beziehung beendet hast, könntest du aufschreiben, dass du durch diese Erfahrung gelernt hast, besser für dich selbst einzustehen und klare Grenzen zu setzen.

Wenn du einen Job verloren hast, könntest du notieren, dass dies die Gelegenheit war, eine neue Karriere zu beginnen, die besser zu dir passt. Vorschlag: Erstelle eine Liste von fünf schwierigen Situationen, die du im vergangenen Jahr erlebt hast, und notiere neben jeder Situation mindestens einen verborgenen Vorteil. Diese Übung hilft dir, das Positive in Herausforderungen zu sehen und mit einer stärkeren, widerstandsfähigeren Einstellung in die Zukunft zu blicken.

Während wir dieses Buch nun abschließen, erinnere dich daran, dass du in der Lage bist, dein Leben in eine Richtung zu lenken, die dir Frieden, Freude und Erfüllung bringt. Das vergangene Jahr mag seine Herausforderungen gehabt haben, doch es war auch eine Zeit des Wachstums, der Erkenntnis und der Vorbereitung auf das, was noch kommen wird.

Du bist nicht allein auf diesem Weg. Die Werkzeuge und Einsichten, die du in diesem Buch gefunden hast, sind wie eine Karte, die dir hilft, deinen Kurs zu setzen, selbst wenn die Gewässer unruhig werden. Nimm dir die Zeit, dich mit diesen Werkzeugen vertraut zu machen, und erinnere dich daran, dass du die Kraft in dir trägst, das Leben zu gestalten, das du dir wünschst.
Das Jahr mag enden, aber du nicht. Du stehst am Beginn eines neuen Kapitels, und die Zukunft liegt offen vor dir. Umarm den Weg, den du gegangen bist, und schreite mit Zuversicht und Hoffnung weiter voran. Denn das Beste in deinem Leben steht dir noch bevor.

Notizen

Notizen